웰컴 투 광야

웰컴 투 광야

김병삼 지음

교회성장연구소

Contents

저 자 서 문

하나님을 붙들고 믿음으로 걷는 광야

"웰컴 투 광야!"

광야에 오신 여러분을 환영합니다.

이 책은 이스라엘 백성이 하나님과 함께 떠났던 광야 여정을 담은 책입니다.

광야는 우리에게 어떤 곳인가요?

모든 사람이 지나야 하는 그래서 피할 수 없는 인생의 광야가 있습니다.

때로는 하나님께서 우리 인생을 부르시는 곳이 광야이기도 합니다.

그렇다면, 억지로 걷기보다는 기대를 갖고 광야로 들어서면 어떨까요?

저는 하나님께서 이스라엘을 택하셔서 그들의 하나님이 되시기로 작정하시고 불러낸 곳이 '광야'라는 것과 하나님을 만나는 곳이 순조로운 인생의 항로에서가 아니라 광야와 같은 황량함과 위험 속이라는 것이 흥미로웠습니다.

그래서 이스라엘 백성이 경험했던 광야로 여러분을 초청하고 싶습

니다.

　왜냐하면, 우리도 광야에서 하나님을 만날 수 있기 때문입니다.

　저는 구름 한 점 없는 땡볕의 광야를 걸으면서, 그리고 밤에는 생전 처음 겪는 추위와 싸우면서 40년 동안 광야에서 하나님의 인도하심 없이는 하루도 버틸 수 없는 고난의 여정이 고스란히 눈앞에 그려졌습니다.

　'아, 이것이 광야에서의 삶이었겠구나!'

　그래서 광야에서 만나는 하나님은 신비롭습니다.

　광야에서 만나는 하나님은 생생합니다.

　이 책은 우리가 어떻게 광야의 길을 걸어갈 것인지, 광야와 같은 우리 인생이 어떻게 위대하신 하나님을 붙들고 믿음으로 광야를 걸어갈 수 있는지 그 답을 줄 것입니다.

　우리 인생에 위대한 일을 행하실 하나님을 기대하며, 웰컴 투 광야!

만나교회 김병삼 목사

³⁷이스라엘 자손이 라암셋을 떠나서 숙곳에 이르니 유아 외에 보행하는 장정이 육십만 가량이요 ³⁸수많은 잡족과 양과 소와 심히 많은 가축이 그들과 함께 하였으며 ³⁹그들이 애굽으로부터 가지고 나온 발교되지 못한 반죽으로 무교병을 구었으니 이는 그들이 애굽에서 쫓겨나므로 지체할 수 없었음이며 아무 양식도 준비하지 못하였음이었더라 ⁴⁰이스라엘 자손이 애굽에 거주한 지 사백삼십 년이라 ⁴¹사백삼십 년이 끝나는 그 날에 여호와의 군대가 다 애굽 땅에서 나왔은즉 ⁴²이 밤은 그들을 애굽 땅에서 인도하여 내심으로 말미암아 여호와 앞에 지킬 것이니 이는 여호와의 밤이라 이스라엘 자손이 다 대대로 지킬 것이니라 ⁴³여호와께서 모세와 아론에게 이르시되 유월절 규례는 이러하니라 이방 사람은 먹지 못할 것이나 ⁴⁴각 사람이 돈으로 산 종은 할례를 받은 후에 먹을 것이며 ⁴⁵거류인과 타국 품꾼은 먹지 못하리라 ⁴⁶한 집에서 먹되 그 고기를 조금도 집 밖으로 내지 말고 뼈도 꺾지 말지며 ⁴⁷이스라엘 회중이 다 이것을 지킬지니라 ⁴⁸너희와 함께 거류하는 타국인이 여호와의 유월절을 지키고자 하거든 그 모든 남자는 할례를 받은 후에야 가까이 하여 지킬지니 곧 그는 본토인과 같이 될 것이나 할례 받지 못한 자는 먹지 못할 것이니라 ⁴⁹본토인에게나 너희 중에 거류하는 이방인에게 이 법이 동일하니라 하셨으므로 ⁵⁰온 이스라엘 자손이 이와 같이 행하되 여호와께서 모세와 아론에게 명령하신 대로 행하였으며 ⁵¹바로 그 날에 여호와께서 이스라엘 자손을 그 무리대로 애굽 땅에서 인도하여 내셨더라

출 12:37-51

01

나의 지도를 내려놓고

고센은 축복의
징검다리 일뿐!

웰컴투 광야

암몬

지중해

Jericho
여리고   느보산

CANAAN
가나안   사해

Dead
Sea

람세스

EGYPT
Goshen
고센   wilderness of Shur

숙곳

비돔

이스라엘 백성이 건넌 홍해 지점(추정)

가데스
바네아

Kadesh

wilderness of Paran

마라
엘림

시내반도
wilderness of Sin

엘랏

이집트

Red
Sea

하세롯

기브롯핫다아와

홍해   르비딤

Mt. Sinai
시내산   미디안

이집트에서 약속의 땅 가나안까지(출애굽 경로)

Welcome to wilderness

고센, 축복의 징검다리

이스라엘 백성이 하나님과 함께 떠나는 광야 여행을 이해하려면 사전 지식이 조금 필요합니다. 이스라엘 백성의 출애굽 여정은 바로 '고센'이라는 지역에서 출발합니다. 넓게 나일 강 삼각주 지역을 타고 내려오는 나일 강 부근 일대를 '고센' 땅이라고 합니다. 이 '고센' 땅에 '라암셋', '비돔', '숙곳'이 있는데, 그 중에서 '라암셋'이라는 곳에서 출애굽 여정은 시작됩니다.

그렇다면 이스라엘 백성이 어떻게 고센 땅에서 거하게 되었는지, 고센과 라암셋의 지명에 대한 이해 역시 필요합니다.

²⁸야곱이 유다를 요셉에게 미리 보내어 자기를 고센으로 인도하게 하고 다 고센 땅에 이르니 ²⁹요셉이 그의 수레를 갖추고 고센으로 올라가서 그의 아버지 이스라엘을 맞으며 그에게 보이고 그의 목을 어긋맞춰 안고 얼마 동안 울매 ³⁰이스라엘이 요셉에게 이르되 네가 지금까지 살아 있고 내가 네 얼굴을 보았으니 지금 죽어도 족하도다 ³¹요셉이 그의 형들과 아버지의 가족에게 이르되 내가 올라가서 바로에게 아뢰어 이르기를 가나안 땅에 있던 내 형들과 내 아버지의 가족이 내게로 왔는데 ³²그들은 목자들이라 목축하는 사람들이므로 그들의 양과 소와 모든 소유를 이끌고 왔나이다 하리니 ³³바로가 당신들을 불러서 너희의 직업이 무엇이냐 묻거든 ³⁴당신들은 이르기를 주의 종들은 어렸을 때부터 지금까지 목축하는 자들이온데 우리와 우리 선조가 다 그러하니이다 하소서 애굽 사람은 다 목축을 가증히 여기나니 당신들이 고센 땅에 살게 되리이다

창 46:28-34

요셉은 야곱의 12명 아들 중 11번째 아들로 아버지의 특별한 사랑을 받았기에 이를 시기한 형제들이 그를 애굽에 팔았습니다. 애굽으로 팔려간 요셉은 비록 노예와 종으로 힘든 삶을 살았지만, 살아계신 하나님이 요셉과 함께하셔서 그의 삶을 형통하게 하셨고 애굽의 총리가 되어 7년의 풍년과 7년의 흉년을 지혜롭게 통치한 결과 애굽을 더욱 부강하게 만들었습니다. 이때 지혜로운 요셉 덕분에 야곱의 아들들이 모두 애굽으로 이주하는데, 그곳이 바로 '고센'

땅입니다. 초기에는 약 70여 명(창 46:27에서는 '칠십 명', 행 7:14에서는 '일흔 다섯 사람'으로 기록. 둘 사이에 차이가 있는 데 창 50:23에 언급된 요셉의 손자 5명까지 포함하면 75명이 된다.)이 고센 땅에 정착했지만, 430년(갈 3:17)이 지나고 나서는 장정만 60만 명(출 12:37)이 넘는 거대한 민족을 이루게 됩니다.

하나님께서 택하신 사람은 고난을 겪고 힘든 역경의 삶을 살지라도 그것을 견뎌냅니다. 비록 눈에 보이지 않지만, 항상 동행하시는 하나님을 의식하며 하나님께서 공급하시는 힘으로 사는 삶을 살기 때문입니다.

스스로에게 물어봅시다.

'지금 내가 서 있는 자리, 지금 내 삶의 순간순간은 내가 원하는 자리인가, 원하지 않는 자리인가?'

사람은 늘 자신이 원하는 삶만을 살고, 원하는 자리에만 있을 수 없습니다. 예상치 못한 일을 만나기도 하고 원하지 않는 자리에 있게 되기도 합니다. 원하지 않는 곳에서 고난을 만날 때 그 고난은 고난으로 끝나지 않습니다. 그 가운데 하나님의 역사가 있습니다. 또한, 그러한 하나님의 역사를 보기 시작할 때 그 고난은 특별한 의미가 있습니다. 이스라엘의 고난의 역사, 야곱과 요셉의 틀어진 꿈과 계획은 오히려 고센 땅에서 그들이 예상하지 못했던 하나님의 역사를 생생하게 경험하게 했습니다.

요셉의 탁월한 통치로 이스라엘 백성 역시 애굽 사람들의 존중을 받았지만, 그리 오래가지는 않았습니다. 요셉이 죽고 그를 알지 못하는 애굽의 왕은 점점 확대되는 이스라엘 백성의 세력에 위기감을 느끼기 시작합니다. 더 이상 이스라엘 백성은 존중받거나 공존할 수 있는 사람들이 아니라, 걷잡을 수 없기 전에 싹을 잘라야 하는 대상이 된 것입니다. 이때부터 애굽은 이스라엘 백성을 노예로 전락시켜 강제노역에 동원합니다.

36년간 일제강점기를 겪은 우리 민족은 쉽게 공감할 수 있는 부분이기도 합니다. 어린 시절 아이들이 흔히 하던 욕이 있습니다. 일제로부터 해방이 되고 한참이 지났음에도 아이들은 여전히 그 욕을 사용했습니다.

"빠가야로!"

이 말은 일제강점기 당시 일본 사람들이 '조센징'들의 자존감을 깎아내리기 위해 수없이 외쳤던 욕 중의 하나로 그 의미는 "너희는 바보 같은 놈들이야!"였습니다.

또한, 일본은 우리 민족의 자원과 재산뿐만 아니라 우리말, 우리글까지 빼앗았습니다. 그리고 우리 민족을 탄광부로, 농부로, 위안부로 전락시켰습니다. 이것은 단지 노역의 차원이 아니라 우리 민족의 자존감을 말살하려는 정책이었습니다. 하지만 우리 민족의 역사는 거기서 멈추지 않고 오히려 뛰어난 문학가와 독립운동가를 배출하는 계기가 되었습니다. 당시 크리스천은 나라와 민족을 위해 기도했고, 우리 민족은 위대한 순교자들의 모습을 보며 민족적 자긍심을 가지고 어려운 시기를 극복할 수 있었습니다.

이스라엘의 고난이 극에 달할 무렵에 하나님께서 위대한 지도자 모세를 부르셨습니다. 그는 고난의 광야 가운데 하나님을 만났고, 다른 사람들이 보지 못하던 것을 믿음으로 보았습니다. 그 순간 그는 눈에 보이는 바로를 두려워하는 것이 아니라 눈에 보이지 않는 하나님을 두려워하므로 말씀에 순종하고 나아갔습니다.

모세처럼, 이스라엘 백성처럼, 하나님의 택하신 백성에게 환란과 고난은 바로 축복입니다. 그 이유는 하나님께서 택하신 백성의 고통을 보시고, 들으시고, 기억하시기 때문입니다.

하나님께서 택하신 백성

하나님께서 택하신 백성에게는 두 가지 특징이 있습니다.

첫째, 현재의 축복이 전부가 아님을 알고 그 축복에 머물러 있지 않습니다.

고센 땅이 이스라엘 백성에게 얼마나 큰 축복의 땅이었습니까? 95%가 사막인 애굽에서 고센 땅은 말 그대로 차원이 다른 땅이었습니다. 그런 나라에서 고센 땅을 이스라엘 백성에게 주었다는 것은 굉장히 큰 축복이 아닐 수 없습니다. 고센의 이름은 '땅 중에서 좋은 곳', '축복받은 땅'(창 47:6)이라는 의미입니다. 거기서 이스라엘은 큰 민족을 이룰 수 있었습니다.

하지만 그 고센은 단지 약속의 땅으로 가기 위한 '징검다리'였습니다. 하나님은 그곳에서 이스라엘이 한 민족을 이루어 하나님의 백성으로 살도록 하셨던 것뿐이지, 그곳에 안주하며 이방신들의 땅에서 살도록 인도하신 것이 아니었습니다. 이스라엘 민족이 겪은 고난은 하나님의 백성이 되기 위한 과정이었던 것입니다. 만일 이스라엘이 고센 땅에서 고난을 겪지 않았다면, 과연 그들이 '징검다리'를 건너려고 했을까요? 아마도 그들은 그곳에서 머물며 정착했을 것입니다. 하나님이 아무리 떠나라고 말씀하시고, '너희를 나의 백성으로 삼겠다'고 하셔도 그곳을 떠나지 않았을 것입니다. 그 이유는 고센 땅을 완전한 축복의 장소라고 여겼기 때문입니다. 고센의 풍요와 안락 속에서 그들은 하나님을 잃어버리고 애굽의 신을 섬기다 그렇게 세상의 백성처럼 죽었을 것입니다.

고센 땅은 분명히 좋은 곳입니다. 하지만 하나님의 사람으로 살수 없다면, 그곳은 더 이상 축복의 땅이 아니라 그곳을 밟고 떠나야하는 징검다리일 뿐입니다. 축복인 줄 알았던 그곳이 하나님의 자녀로서 살아갈 수 없다면 그곳은 더 이상 축복의 땅이 아닙니다. 그곳은 떠나야 할 곳입니다. 그래서 하나님의 백성이라면 내가 지금 머물고 있는 이곳이 축복의 자리인지, 징검다리인지를 늘 점검해 보아야 합니다.

둘째, 하나님은 자기 백성의 눈물을 보시고 그들의 부르짖음을 들으시는 분임을 아는 것입니다.

²³여러 해 후에 애굽 왕은 죽었고 이스라엘 자손은 고된 노동으로 말미암아 탄식하며 부르짖으니 그 고된 노동으로 말미암아 부르짖는 소리가 하나님께 상달된지라 ²⁴하나님이 그들의 고통 소리를 들으시고 하나님이 아브라함과 이삭과 야곱에게 세운 그의 언약을 기억하사 출 2:23-24

하나님께서는 고난의 자리에 있는 그의 백성을 잊지 않으시고 그들의 부르짖음을 들으십니다. 이스라엘 백성은 430년간 편안한 시간을 보내며 하나님을 잊고 있었습니다. 그러나 그들의 보금자리가 흩어지는 그 고난의 순간이 오자 하나님께 부르짖었고, 그 소리를 들으셨습니다. 하나님께서 우리의 부르짖음을 들으시는 것이 바로 축복입니다.

하나님께서 아브라함을 부르실 때 약속하신 축복은 "내가 너로 큰 민족을 이루고 네게 복을 주어 네 이름을 창대하게 하리니 너는 복이 될지라"(창 12:2)였습니다. 아브라함 역시 편안한 곳에서는 복의 근원이 되지 못했습니다. 고센 땅에서 고통당하는 이스라엘 백성의 부르짖음은 당연했고, 그들의 부르짖음을 들으신 하나님께서 아브라함과의 약속을 기억하시고 이들을 구원하시기로 작정하셨습니다.

모두에게 열려있는 하나님의 구원

출애굽기 12장 38절에 "수많은 잡족과 양과 소와 심히 많은 가축이 그들과 함께 하였으며"라고 기록되어 있습니다. 이스라엘 백성이 출애굽 할 당시에 '수많은 잡족'이 그들과 함께하였음을 알 수 있습니다.

이스라엘 민족과 마찬가지로 애굽에서 압제 받던 다른 소수 민족들로 생각됩니다. 그들은 애굽에 내려진 열 가지 재앙을 통해 이스라엘의 하나님만이 참된 신임을 깨닫고 이스라엘과 함께 애굽을 빠져나왔을 겁니다. 순수 이스라엘 백성뿐만 아니라 그들과 혼혈한 자들, 여호와를 믿기로 개종한 셈족 등 다양한 사람이 함께했다는 것입니다. 이로써 하나님께서 아브라함에게 하셨던 "땅의 모든 족속이 너로 말미암아 복을 얻을 것이라"(창 12:3)는 약속이 성취되었음을 알 수 있습니다.

그러므로 '너를 복의 근원이 되게 하겠다'는 하나님의 약속은 나에게만 국한된 것이 아니라 내가 속한 공동체, 나와 함께하는 사람들에게까지 복의 근원, 축복의 통로가 됩니다.

동경에서 일본인들을 대상으로 영성훈련 프로그램인 '트레스 디아스(Tres Dias)'를 진행하고 있습니다. 일본은 '가깝고도 먼 나라', 어찌 보면 참 힘든 민족입니다. 그러나 영성훈련 프로그램에 참석한 일본인들에게마저 거리를 둘 수는 없습니다. 그들은 하나님 안에서 동일하게 사랑하고 섬겨야 할 우리의 형제이며 자매입니다. 일본을 과오를 범한 나라로만 볼 것이 아니라 그곳에 하나님께서 품으시는 사람을 보는 마음을 주셨습니다. 그러한 하나님의 사랑을 더 효과적으로 전하고 싶은 마음에 일본어를 배운 적이 있습니다.

하나님께서 그분의 자녀에게 주시는 가장 큰 은혜가 무엇일까요? 누구도 품을 수 없는 사람, 누구도 사랑할 수 없는 사람을 하나님의 마음으로 품고 사랑하는 것이 아니겠습니까? 그로 인해 먼저 선을 베풀 수 있는 기회를 얻은 것이 바로 믿는 사람들만의 특권입니다.

필 라이큰의 『사랑한다면 예수님처럼』에 이런 구절이 있습니다.

사랑은 주는 것에서 시작하지 않는다. 받는 것에서 시작한다. 우리는 우리가 받는 것만 줄 수 있다. 따라서 예수님을 믿어야만 우리도 예수님처럼 사랑할 수 있다. 하나님의 온유하심을 알아야만 사람들에게 하나님의 온유하심을 보여줄 수 있다. 물론 우리는 누군가의 구세주가 될 수도 없고, 그들의 죄를 씻어줄 수도 없다. 불가능한 일이다. 그러나 우리가 할 수 있는 일이 있다. 그들에게 구세주에 대해 들려주는 것, 예수님과 그분의 사랑에 대해 들려주는 것이다. 우리는 사람들을 우리의 도움을 받을 자격이 있는 사람과 그렇지 못한 사람으로 쉽게 나눈다. 만일 하나님께서 그렇게 세상을 나누신다면, 우리 중 누구도 하나님의 도움을 받을 수 없을 것이다. 자격이 있는 사람은 세상에 단 한 명도 없기 때문이다. 그러나 자격 없는 우리가 하나님의 온유하심을 경험했다.

이스라엘 백성을 출애굽 시킨 것은 그들이 자격이 있어서가 아닙니다. 라암셋에서 출발하는 그 구원의 역사는 하나님께서 그들의 부르짖음을 들으셨기 때문입니다. 그리고 하나님께서 들으신 부르짖음은 이스라엘뿐만 아니라 그 땅에서 고통당하는 모든 이의 부르짖음을 들으셨다는 것입니다.

그 위대한 구원의 잔치는 모든 이에게 열려있는 축제였습니다. 우리를 사랑하시고 구원하시기 위한, 누구나 들어야 할 참된 '복음'의 축제 말입니다.

하나님의 역사가 시작하는 밤

여름마다 소위 '납량특집'이라는 드라마와 영화를 많이 접하게 됩니다. 과거에 최고의 인기를 구가하던 드라마 '전설의 고향'에는 하얀 소복을 입은 귀신이 단골로 출연했습니다. 머리는 길게 늘어뜨리고 눈과 입 주위에는 피가 묻어 있습니다. 최근 영화나 드라마에는 귀신이 학교에서 많이 등장합니다. 자살에 대한 이야기, 스마트폰과 같은 전화를 주제로 하는 것도 있습니다. 달밤에 등장하는 늑대, 뱀파이어, 드라큘라와 같은 서양귀신들도 한몫을 합니다.

동서양을 막론하고 모든 귀신의 특징은 대부분 낮에는 잘 나타나지 않고 주로 밤에 활동하는데 이것은 사람들이 밤에 대한 공포,

즉 두려움이 있기 때문입니다.

성경을 살펴보면 하나님께서 밤에 역사하신 일이 참 많습니다. 출애굽 사건도 그렇고, 소돔과 고모라를 심판하실 때도 밤이었습니다. 예수님께서 바다에 빠져 죽게 된 제자들을 구해주실 때도 밤이었습니다.

동서고금을 막론하고 밤에 일어나는 일과 악한 영에 대한 막연한 두려움이 있습니다. 그러나 여호와 하나님의 구원 사역 역시 밤에 이루어지고 있다는 사실을 기억해야 합니다.

> 이 밤은 그들을 애굽 땅에서 인도하여 내심으로 말미암아 여호와 앞에
> 지킬 것이니 이는 여호와의 밤이라 이스라엘 자손이 다 대대로 지킬 것
> 이니라 출 12:42

라암셋에서 모여서 출애굽하는 사람들에게 구원의 역사가 일어난 시간을 성경은 '여호와의 밤'이라고 말합니다. 이는 '하나님의 역사가 시작하는 밤이다'라는 뜻입니다. 창세기를 보면 하나님께서 세상을 창조하시고 하루가 지날 때마다 '저녁이 되고 아침이 되니 이는 몇 째 날이더라'라고 기록합니다.

성경에 나와 있지는 않지만, 고대 근동 유대 사람들은 해가 지는 밤부터 하루를 시작했다고 합니다. 여호와의 날이 밤부터 시작하는 이유는 우리가 잠을 자고 아무 것도 하지 않을 때 여호와 하나님이

일하기 시작한다는 의미가 아닐까요?

우리가 아무것도 할 수 없는 밤! 그 캄캄한 암흑 가운데 여호와 하나님께서 일하십니다. 그래서 여호와의 날은 '밤'에서부터 시작합니다. 여호와의 밤에 하나님께서 그의 백성을 구해 내셨을 때 그들은 광야를 걸어가며 구름 기둥과 불 기둥으로 인도하시는 하나님의 역사를 경험했습니다.

혹시 칠흑 같은 어두운 밤에 소망을 잃고 억눌림과 고통 가운데 신음하던 사람이 있습니까? 이런 사람들에게 여호와의 밤에 역사하시는 하나님의 구원이 임할 것입니다.

보금자리였던 고센 땅을 흩으시고 마치 캄캄한 밤과 같은 시간을 지내던 이스라엘 백성에게 오히려 그 밤은 하나님의 살아계심을 체험하는 '여호와의 밤'이 되었습니다. 지금 내가 서 있는 곳이 고센 땅입니까? 그곳은 영원히 머물 곳이 아닌, 단지 징검다리일 뿐입니다. 이제 일어나 위대한 여정을 시작하기 위해 '라암셋'에 모일 때입니다.

생각열기

※ 여행을 떠나기 전에 준비는 필수입니다. 하나님과 함께 떠나는 광야
여행을 시작하기에 앞서 무엇을 준비하면 좋을지 체크리스트를 적어
봅시다.

1. 여권/비자 ☐

해외여행의 필수품, 분실의 사고를 대비해 사진이 있는 1면은 복사해
서 여권과 다른 곳에 보관해 둔다.

2. 항공권 ☐

출국, 귀국 날짜, 여정, 유효기간을 반드시 확인하고, 분실의 사고를
대비해 복사본을 보관해 둔다.

3. 여비 ☐

공항 간 이동시 교통비, 공항세 지불에 필요한 돈, 팁, 쇼핑, 선택 관광, 기타
개인적인 경비 등에 필요한 돈, 해외에서 사용 가능한 카드를 만일의 경우를
대비해 1장 정도 준비한다.

4. _____ ☐	5. _____ ☐	6. _____ ☐
7. _____ ☐	8. _____ ☐	9. _____ ☐
10. _____ ☐	11. _____ ☐	12. _____ ☐
13. _____ ☐	14. _____ ☐	15. _____ ☐

배워보기

✳ 고센, 축복의 징검다리

고센 땅은 이스라엘 백성에게 어떤 의미였나요? 요셉을 시기했던 형제들이 요셉을 애굽에 팔아넘기고, 그때부터 요셉은 애굽의 노예가 되어 자신이 원하지 않았던 인생을 살아갑니다. 하지만 고난 속에서도 하나님을 늘 의식했던 요셉은 그의 신앙을 지켰고 우여곡절 끝에 애굽의 총리가 됩니다. 총리 요셉의 지혜로운 통치로 애굽은 점점 더 부강해졌고, 요셉의 인도로 그의 가족 모두 애굽으로 이주하게 됩니다. 그곳이 바로 '고센' 땅입니다. 약 70여 명으로 시작한 고센 땅에서의 정착은 430년이 지나 장정만 60만 명이 넘는 거대한 민족을 형성합니다. 그러자 애굽은 위협을 느끼고 이스라엘 백성에 대한 압제를 시작합니다.

비옥하고 풍족한 땅 고센은 이제 고난과 핍박의 땅으로 바뀌었습니다.

✳ 하나님께서 택하신 백성은?

1. 현재의 축복이 전부가 아님을 알고 그 축복에 머물러 있지 않습니다.

고센이라는 이름은 '땅 중에서 좋은 곳', '축복받은 땅'(창 47:6)이라는 의미가 있습니다. 거기서 이스라엘은 큰 민족을 이루었습니다. 그러나 고센 땅은 이스라엘 백성에게 머물러 있지 않고 지나가야만 하는 '징검다리'와도 같은 곳입니다.

2. 하나님은 자기 백성의 눈물을 보시고 그들의 부르짖음을 들으시는 분임을 압니다.

> [23]여러 해 후에 애굽 왕은 죽었고 이스라엘 자손은 고된 노동으로 말미암아 탄식하며 부르짖으니 그 고된 노동으로 말미암아 부르짖는 소리가 하나님께 상달된지라 [24]하나님이 그들의 고통 소리를 들으시고 하나님이 아브라함과 이삭과 야곱에게 세운 그의 언약을 기억하사
>
> 출 2:23-24

하나님께서는 고난의 자리에 있는 그의 백성을 잊지 않으시고 그들의 부르짖음을 들으십니다. 이스라엘 백성은 고센 땅에서 430년 동안 편안한 시간을 보내며 하나님을 잊고 있었습니다. 하지만 고센 땅이라는 보금자리가 흩어지는 그 고난의 순간, 그들은 부르짖었고 하나님은 그 소리를 들으셨습니다.

소그룹 나눔

✴ 모두에게 열려있는 구원의 시발점

1. 출애굽 당시 순수 이스라엘 백성뿐만 아니라

___

하나님께서 아브라함, 이삭, 야곱에게 하셨던 "땅의 모든 족속이 너로
말미암아 복을 얻을 것이다"(출 12:3)라는 약속이 성취되는 순간입니다.
하나님의 약속, '너를 복의 근원이 되게 하겠다'는 것은 나에게만 국한된
것이 아니라 내가 속한 공동체, 나와 함께하는 사람들에게까지 복의 근
원, 축복의 통로가 된다는 것입니다.

> 수많은 잡족과 양과 소와 심히 많은 가축이 그들과 함께 하였으며
>
> 출 12:38

2. _____이 있기 때문이 아닙니다.

하나님은 이스라엘뿐만 아니라 그 땅에서 고통당하는 모든 사람의 부르
짖음을 들으셨습니다. 그 위대한 구원의 잔치는 모든 사람에게 열려있
는 축제입니다. 그것은 바로 하나님께서 나의 부르짖음을 들으셨기 때문
에 사랑하시고 구원하시는 것입니다. 이것이 바로 누구나 들어야 할 '복
음'입니다.

✳ 하나님의 역사가 시작하는 밤

라암셋에서 모여서 출애굽하는 사람들에게 구원의 역사가 일어난 시간
을 '여호와의 밤'이라고 언급합니다. 이는 '하나님의 역사가 시작하는 밤
이다'라는 뜻입니다.

> 이 밤은 그들을 애굽 땅에서 인도하여 내심으로 말미암아 여호와 앞에
> 지킬 것이니 이는 여호와의 밤이라 이스라엘 자손이 다 대대로 지킬
> 것이니라 출 12:42

보금자리였던 고센 땅을 흩으시고 마치 캄캄한 밤과 같은 시간을 지내
던 이스라엘 백성에게 오히려 밤은 하나님의 살아계심을 체험하는 '여호
와의 밤'이 되었습니다.

▌ 내 삶에 적용하기

1. 지금 내가 머물러 있는 삶의 자리는 머물러야 할 약속의 자리입니까,
   지나가야 할 징검다리입니까? 하나님이 원하시는 자리입니까, 원하지
   않으시는 자리입니까?

2. 내가 어찌할 수 없는 고통의 순간에 내가 선택하고 취하는 방법은 무엇입니까? 하나님께서 나의 신음에 응답하심을 믿고 하나님께 고통을 토로합니까?

3. 내가 믿음으로 부르짖는 기도에 나의 고통뿐만 아니라 그 고통 가운데 있는 나의 공동체도 구원 받게 됨을 믿습니까?

4. 여호와의 날이 밤부터 시작하는 이유가 있습니다. 지금 칠흑 같은 어두운 밤을 지나고 있습니까? 내가 아무것도 할 수 없는 어두운 밤, 하나님의 일하심을 경험하고 있습니까?

묵상&기도

이스라엘 백성에게 고센 땅은 축복의 땅이었습니다. 하나님은 그곳에서 이스라엘 백성이 한 민족을 이루어 하나님의 백성으로 살기를 원하셨습니다. 그러나 축복인 줄 알았던 그곳에서 하나님의 자녀로서 살아갈 수 없다면 그곳은 더 이상 축복의 땅이 아닙니다. 그곳은 떠나야 할 곳입니다. 하나님께서는 고난의 자리에 있는 그의 백성을 잊지 않으시고 그들의 부르짖음을 들으셨고 아브라함과의 약속을 기억하셔서 이들을 구원하시기로 작정하셨습니다.

✳ 묵상 질문

만일 이스라엘 백성이 축복의 땅이었던 고센 땅에서 고난을 겪지 않았다면 그곳을 떠나라는 하나님의 명령에 순종할 수 있었을까요?

나는 고난의 자리에서 기도하는 사람입니까? 아니면 고난의 이유를 생각하면서 누군가를 원망하는 사람입니까?

소그룹 나눔

✳ 깊이 묵상하기

지침

1. 주님께 질문하십시오.

2. 믿음을 가지고 그분의 응답을 기다리십시오.

3. 하나님이 응답하시면, 그것이 당신의 삶에서 갖는 의미가 무엇인지 생각해
   보십시오.

4. 주님의 생각에 당신의 선택과 행동을 일치시키겠다고 구체적으로 고백하십
   시오.

✳ 주님과 대화하기

지침

기도의 제목을 나누십시오.

묵상 노트

¹여호와께서 모세에게 말씀하여 이르시되 ²이스라엘 자손에게 명령하여 돌이켜 바다와 믹돌 사이의 비하히롯 앞 곧 바알스본 맞은편 바닷가에 장막을 치게 하라 ³바로가 이스라엘 자손에 대하여 말하기를 그들이 그 땅에서 멀리 떠나 광야에 갇힌 바 되었다 하리라 ¹³모세가 백성에게 이르되 너희는 두려워하지 말고 가만히 서서 여호와께서 오늘 너희를 위하여 행하시는 구원을 보라 너희가 오늘 본 애굽 사람을 영원히 다시 보지 아니하리라 ¹⁴여호와께서 너희를 위하여 싸우시리니 너희는 가만히 있을지니라 ²¹모세가 바다 위로 손을 내밀매 여호와께서 큰 동풍이 밤새도록 바닷물을 물러가게 하시니 물이 갈라져 바다가 마른 땅이 된지라 ³¹이스라엘이 여호와께서 애굽 사람들에게 행하신 그 큰 능력을 보았으므로 백성이 여호와를 경외하며 여호와와 그의 종 모세를 믿었더라

출 14:1-3, 13-14, 21, 31

02

하나님께서 하시는 일

홍해 앞에서

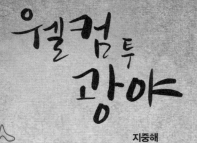

웰컴투 광야

암몬

Jericho

지중해　　　　CANAAN
가나안　　　　사해

EGYPT　　　　　　　　　　　Dead
Goshen　　　　　　　　　　　Sea
고센
람세스
숙곳　　　wilderness of Shur　　　가데스
비돔　　　　　　　　　　바네아
　　　　　　　　　　　　　　Kadesh
이스라엘 백성이 건넌 홍해 지점(추정)

wilderness of Paran

마라
엘림

시내반도
wilderness of Sin

이집트

Red
Sea　　　　　　하세롯
홍해　　　르비딤　　　기브롯핫다아와

Mt. Sinai
시내산　　　　　미디안

이집트에서 약속의 땅 가나안까지(출애굽 경로)

홍해 앞에서

430년 동안 노예로 살아온 이스라엘 백성이 애굽을 나온다는 것은 결코 쉬운 일이 아니었습니다. 그런데 어렵게 애굽을 빠져나와 앞만 향해 달려간 그들을 맞이한 것은 뜻하지 않게 홍해였습니다.

지금 홍해 앞에 서 있는 그들의 모습은 어떻습니까? 출애굽기 14장 13절에서 모세가 이스라엘 백성을 향하여 "너희는 두려워하지 말고 가만히 서서 여호와께서 오늘 너희를 위하여 행하시는 구원을 보라"라고 말한 것을 볼 때, 우리는 하나님을 믿지 못한 채 두려움에 떨고 있는 이스라엘 백성의 모습을 짐작할 수 있습니다.

우리의 믿음과 불신앙은 평소에는 나타나지 않다가 인생의 홍해 앞에서 우리가 믿음의 사람인지 아닌지 적나라하게 드러나게 됩니다. 지금 이 순간에도 인생의 홍해를 앞에 두고 힘들어하는 사람이 있을 겁니다. 어쩌면 우리의 힘으로 건널 수 없는 버거운 홍해를 앞에 두고 두려움으로 기도할 생각조차 못하고 있는 사람들이 얼마나 많이 있을까요? 그런데 홍해는 우리에게 두려움의 대상만이 아니라 우리의 믿음 상태를 증명하는 기회의 장이 될 수도 있습니다.

대부분 사람들은 인생의 홍해 앞에서 이렇게 묻습니다. "내가 어떻게 이 홍해를 건널 수 있을까?" 그러나 우리가 아무리 방법을 묻고, 답을 찾으려 해도 '어떻게'라는 물음은 답을 주지 않습니다. 왜냐하면, 홍해는 우리의 힘으로 건널 수 없기 때문입니다. 그럼 우리의 질문이 어떻게 바뀌어야 할까요? 믿음의 사람은 '어떻게'라고 묻기 전에 이렇게 묻습니다. "왜 나에게 하나님은 이 홍해를 두셨는가?" 우리가 '어떻게'라고 물으면 그 답을 우리 안에서 찾으려고 하지만 문제를 보는 관점을 바꿔서 '하나님이 왜 나에게 이 홍해를 두셨는가?'를 묻게 되면 자연스럽게 이 문제는 하나님에게로 넘어가게 됩니다. 즉, 하나님이 나에게 이 홍해를 두신 이유가 있다면, 이것을 해결하실 분 또한 하나님이기 때문입니다.

언젠가 국민일보를 보다가 재미있는 이야기를 읽게 되었습니다.

귀가 잘 들리지 않는 할머니가 병원에 갔습니다. 의사가 큰 소리로 "할머니, 어디가 아프세요?"라고 물었더니, 할머니가 "귀가 잘 안 들려요."라고 대답합니다. 의사가 "어느 정도 안 들리세요?"라고 했더니, 할머니가 "글쎄, 내가 방귀를 뀌어도 그 소리가 안 들려요."라고 이야기합니다. 의사가 "할머니, 이 약을 드시면 많이 좋아지실 거예요. 잘 들릴 거예요."라고 말하자, 할머니가 "이 약이 귀에 좋은 약이에요?"라고 물었고, 의사가 "할머니, 이 약은 방귀 소리가 커지는 약이에요."라고 대답했답니다.

그저 웃고 넘길 수도 있지만, 문제를 놓고 해결의 방법이 다를 수 있다는 것을 새삼 느끼게 하는 이야기입니다. 사실 우리가 문제를 어떻게 보느냐에 따라, 때로는 문제를 해결하는 사람의 능력에 따라 그 결과는 엄청나게 차이가 납니다.

2011년 미스코리아 진이었던 이성혜 자매와 만났을 때 미스코리아에 나가게 된 이유를 물은 적이 있습니다. 그때 이 자매는 '어떻게 하면 청소년들에게 복음을 전할 수 있을까? 생각하다가 미스코리아가 청소년들에게 복음을 전할 수 있는 좋은 수단이 될 수 있겠다'는 생각이 들었다고 합니다.

당시 아는 사람이 있는 것도 아니고, 준비가 부족했음에도 기적같이 미스코리아 진이 되었습니다. 그리고 이 과정에서 하나님께서 또 하나의 도전을 주셨는데, 미스 유니버스에 도전하는 것이었습니다. 가족을 비롯한 많은 사람이 기도로 후원했지만, 아쉽게도 결과는 최종 15인에도 들어가지 못했습니다. 그녀의 어머니가 안타까운 목소리로 저에게 이런 질문을 하셨습니다.

"목사님, 우리가 하려고 했던 일도 아니고, 하나님께서 주셨던 소명이기에 이 무모한 일에 도전했는데, 왜 이런 결과가 나왔을까요?"

그때 제가 이런 이야기를 했습니다.

"권사님, 지금까지 된 일에 대해서 의심하지 마세요. 미스코리아가 되고 미스 유니버스에 나가게 된 것도 전부 하나님이 계획하신 일이라면, 하나님은 분명히 이 딸을 통해서 영광 받으실 것입니다. 단지, 우리의 결과와 하나님의 결과가 다를 뿐입니다. 우리가 기대했던 결과가 나타나지 않았다 하더라도 하나님이 이 일을 계획했을 때는 우리가 생각하지 못한 더 큰 하나님의 계획이 있을 겁니다."

이스라엘 백성은 왜 홍해에서 그렇게 당황스러워 했을까요? 그들이 기대했던 것이 홍해가 아니었기 때문입니다. 하나님께서 이스라엘 백성을 출애굽 시키실 때, 그들은 하나님이 가나안 땅으로 잘 인도하여 주시리라고 생각했습니다. 그런데 그들의 기대와는 달리 그들을 기다리는 것은 홍해였습니다. 우리는 언제 당황스럽나요? 우리가 전혀 예측하지 못했고 우리가 세운 계획과 다를 때입니다. 우리는 무슨 일만 생기면 '큰일 났다'는 말을 참 많이 합니다. '큰일 났네. 큰일 났어.' 왜 큰일입니까? 내가 생각하지 못한 일이고, 내가 해결할 수 없기 때문에 우리는 큰일 났다고 생각합니다.

사도행전 12장을 보면 야고보가 목이 잘려 죽은 이후에 베드로도 옥에 갇혀 죽음을 앞두고 있었습니다.

홀연히 주의 사자가 나타나매 옥중에 광채가 빛나며 또 베드로의 옆구리를 쳐 깨워 이르되 급히 일어나라 하니 쇠사슬이 그 손에서 벗어지더라 행 12:7

이런 상황에서 베드로는 편안히 잠을 자고 있었는데 얼마나 깊이 잠들었는지 천사가 와서 옆구리를 쳐 깨워야 할 정도였습니다. 지금 그의 인생은 이스라엘 백성이 홍해 앞에 섰을 때와 별반 다르지 않습니다. 그런데 베드로의 모습이 어떠합니까?

하나님의 이끄심

출애굽기 14장 1절과 2절에서 우리가 주목해서 보아야 할 것이 있습니다.

¹여호와께서 모세에게 말씀하여 이르시되 ²이스라엘 자손에게 명령하여 돌이켜 바다와 믹돌 사이의 비하히롯 앞 곧 바알스본 맞은편 바닷가에 장막을 치게 하라 출 14:1-2

그것은 '돌이켜'라는 말입니다. 이스라엘 백성이 출애굽해서 가나안 땅을 향해 가는데, 여호와 하나님께서 모세에게 말씀하셔서 그

들의 길을 돌이키셨습니다. 그런데 돌이켜서 그들이 마주하게 된 장소가 바로 홍해 앞이었습니다. 이게 무슨 말입니까? 굳이 홍해를 마주하지 않아도 되는데, 하나님께서 이스라엘 백성을 홍해로 이끄셨다는 말씀입니다.

홍해는 이스라엘 백성이 어떻게 할 수 없는 굉장히 두렵고 무서운 곳입니다. 그런데 그 홍해에 있게 하신 분이 하나님이십니다. 사실 홍해 앞에서 우리가 봐야 할 것은 우리의 능력이 아니라 그 홍해 앞으로 인도하신 하나님입니다. 그리고 그 하나님께서 행하실 일입니다.

홍해가 있습니다. 홍해에 갈라져 있는 길로 이스라엘 백성이 건넜을 것이라고 생각됩니다. 홍해 위쪽에 고센 지역이 있고, 그곳이 이스라엘 사람들이 머물렀던 굉장히 비옥한 나일 강 삼각주 지역입니다. 시내 반도가 홍해 곁에 있습니다. 그 위에 뚫어져 있는 것이 수에즈 운하입니다. 1975년에 수에즈 운하가 개통되었는데, 지중해에서부터 홍해까지 이어집니다.

지금 현재, 세계 무역량의 14% 정도가 수에즈 운하를 통해서 왕래 되는데 수에즈 운하는 너비가 200m, 깊이가 20m 정도 되는 운하입니다. 북쪽 수에즈 운하 중간쯤에 '믹돌'이라는 지명이 있습니다. 그 밑에 침사 호수, 비터 호수라고 하는 지역이 있습니다. 이스라엘 백성은 아마 그곳을 건너갔을 것입니다. 이스라엘 당시에는 수

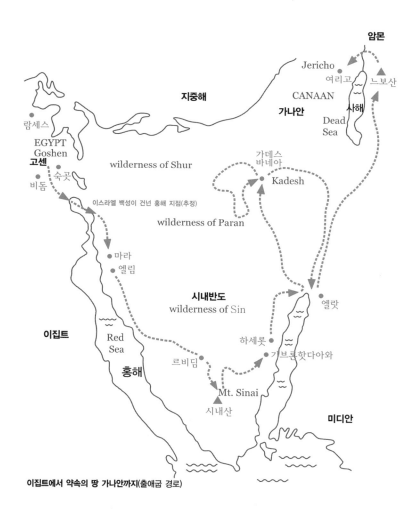

이집트에서 약속의 땅 가나안까지(출애굽 경로)

에즈 운하가 없었습니다. 저곳에 작은 물길들이 있다가 없어지곤 했습니다. 우리가 생각할 때, 고센 지역에서 지중해 해안선을 타고 그냥 건너가야 될 길을 하나님이 '돌이키사' 믹돌이라는 곳에서 홍해를 건너가게 하십니다.

바로가 이스라엘 백성이 돌이켜서 홍해 앞에 있는 것을 보고 박수를 칩니다. '아니 저런 멍청한 놈들이 있는가?' 이때 바로의 표정이 어땠을까요?

> 바로가 이스라엘 자손에 대하여 말하기를 그들이 그 땅에서 멀리 떠나 광야에 갇힌 바 되었다 하리라 출 14:3

이스라엘 백성은 '믹돌'이라는 애굽의 동쪽 끝 국경지역에서 '비하히롯'과 '바알스본'이라는 협곡 가운데 진을 쳤습니다. 이제 이스라엘 백성은 홍해를 앞에 두고 양쪽에는 협곡을 둔 혼란스러운 상황입니다. 게다가 뒤에서는 애굽의 병사들이 쫓아오고 있습니다.

그런데 우리는 여기에서 의미 있는 두 개의 협곡 이름을 보게 됩니다. 하나는 '비하히롯', 하나는 '바알스본'입니다. '비하히롯'은 '구출'이라는 의미가 있고, '바알스본'은 '바알이 내려다본다'라는 뜻이 있습니다. 아주 흥미롭습니다. 이스라엘 백성은 예측할 수 없었던 인도하심 앞에서 두 개의 가능성을 앞에 두고 있습니다. 하나는 그들이 홍해를 건너서 '구출' 되든지, 아니면 이전에 섬기던 우상 앞에 항복하는 것입니다.

홍해는 우리에게 두 가지 가능성을 이야기합니다. 우리가 건널 수 없는 곳에서 하나님의 능력으로 기적을 체험하든지 아니면 우리를 힘들게 하는 이들에게 무릎을 꿇고 복종하든지. 즉, 구원을 경험하든지 옛 생활로 돌아가 신앙을 포기하는 것입니다.

두려워하지 말고 가만히 서서

홍해는 우리에게 필연적으로 신앙의 결단을 요구합니다. 홍해를 앞에 둔 이스라엘 백성을 향하여 하나님은 모세를 통하여 말씀하십니다.

[13]모세가 백성에게 이르되 너희는 두려워하지 말고 가만히 서서 여호와께서 오늘 너희를 위하여 행하시는 구원을 보라 너희가 오늘 본 애굽 사람을 영원히 다시 보지 아니하리라 [14]여호와께서 너희를 위하여 싸우시리니 너희는 가만히 있을지니라 출 14:13-14

홍해 앞에서 하나님이 기적을 행하기 전에 모세를 통해 처음으로 하신 말씀은 "두려워하지 말고… 그리고 가만히 서서"입니다. 이 상황은 매우 두려운 상황입니다. 홍해는 우리가 제어할 수 없기에 두려운 일입니다. 그런데 하나님께서 모세를 통해서 명령하신 일은 '두려워하지 말라'는 것입니다. 왜 하나님은 이런 명령을 내리신 것일까요? 두려움 때문에 우리가 우왕좌왕하면 하나님의 역사를 볼 수 없기 때문입니다. 두려움은 우리를 떨게 만들고 하나님의 역사를 기대하지 못하게 합니다. 그러나 우리가 두려움 가운데 가만히 서서 하나님의 역사를 바라보기 시작할 때 하나님은 일하기 시작합니다. 우리의 두려움이 기대로 변할 때 하나님의 역사가 일어납니다.

어떤 목사님이 창세기부터 요한계시록까지 성경을 쭉 보면서 '두려워하지 말라'는 말씀을 365번 찾았다고 합니다. 그 목사님이 이 말을 하면서 우리가 인생을 살다보면 두려운 일이 많이 있겠지만, 하나님은 우리에게 매일매일 두려워하지 말라고 365번의 '두려워하지 말라'는 말씀을 주셨다고 하셨습니다.

두려움은 우리에게 수시로 찾아옵니다. 문제는 두려움이 우리에게 찾아올 때 그 두려움을 대하는 우리의 태도가 두려움으로 떨 것이냐, 아니면 두려움 가운데에서 가만히 서서 여호와 하나님이 행하는 일을 볼 것이냐 입니다.

이런 말이 있지요.

"공포가 노크할 때 믿음이 나가봤더니 아무것도 없더라."

우리가 홍해 앞에서 두려워하는 그 순간 믿음의 눈을 가지고 하나님을 바라볼 때 하나님께서 행하시는 일을 보게 될 것입니다. 우리는 아무것도 할 수 없지만, 조용히 하나님을 바라보면 하나님께서 행하실 것입니다.

그런데 이스라엘 백성은 홍해 앞에서 어떻게 했습니까? 출애굽기 14장 12절에 보니까, 이스라엘 백성이 이렇게 말합니다.

우리가 애굽에서 당신에게 이른 말이 이것이 아니냐 이르기를 우리를 내버려 두라 우리가 애굽 사람을 섬길 것이라 하지 아니하더냐 애굽 사람을 섬기는 것이 광야에서 죽는 것보다 낫겠노라 출 14:12

그들 가운데 불평이 일어납니다. 하나님께서 이스라엘 백성의 부르짖음을 들으시고 구원하셨는데, 이 홍해 앞에서 두려움 때문에 옛 생활을 추억합니다. '우리가 애굽에 있었더라면 그냥 먹고 살다가 죽었을 텐데, 우리를 왜 여기로 이끌어냈느냐?'는 것입니다.

문제의 심각성이 무엇인지 아십니까? 홍해 앞에서 죽음을 무서워하는 사람은 옛 습성으로, 옛 생활로, 죄의 습관으로 돌아가려는 경향이 있다는 겁니다. 우리가 하나님의 말씀을 듣고 살아가도, 하나님의 말씀을 듣고 움직여도, 하나님의 명령에 순종해도, 얼마든지 홍해 앞에 있을 수 있습니다.

문제는 그 홍해 앞에서 우리가 잠잠히 하나님이 하시는 일을 보려는 것이 아니라, 옛 생활을 추억하며 돌아가려고 한다는 겁니다. 이것이 무서운 일입니다. 하나님은 수치를 당하는 것을 제일 싫어하시는데, 이스라엘 백성은 수치를 당하겠다는 겁니다. 죽는 것보다는 수치를 당하는 것이 낫다는 이야기입니다.

우리가 목숨에 가치를 둘 때 우리는 얼마든지 신앙을 버릴 수 있습니다. 먹고 사는 것이 우리 삶에 가장 중요하게 될 때 얼마든지 하나님을 버리고 옛 생활, 죄의 길로 돌아갈 수가 있습니다.

또한, 이스라엘 백성은 비난의 대상을 찾습니다. '모세 당신이 우리를 여기로 인도해내지 않았더라면 우리가 그냥 살 수 있었을 텐데 당신이 우리를 여기로 인도했노라'고. 그리고 책임을 전가하기 시작합니다.

제가 어렸을 때입니다. 초등학교 다닐 때 한강에서 수영을 많이 했습니다. 초등학교 1학년 때, 형이 저에게 배구공 2개를 주고, 그것을 안고 건너오라고 했습니다. 중간쯤 갔는데, 공 하나가 미끄러져서 쏙 빠졌습니다. 그런데 그 공을 잡으려다가 나머지 공도 놓치고 말았습니다. 지금도 기억이 생생합니다. 물을 먹고 밑으로 내려가면서 초등학교 1학년이었던 제가 '내가 여기서 죽는구나'라는 생각을 했습니다. 다행히 그때 누군가 저를 꺼내주어 살 수 있었습니다. 그 때부터 저에게는 물에 대한 공포심이 생겼습니다.

대학교 1학년 때 이 공포심을 극복해야겠다고 생각하고 YMCA 수영장을 등록한 후, 수영을 열심히 배웠습니다. 그해 여름, 교회 수련회를 갔다가 여학생 한 명이 물에 빠졌는데, 아무도 꺼내주는 사람이 없었습니다. 그래서 제가 물에 뛰어 들어가 그 여학생을 구하려고 잡았는데, 그 여학생이 저를 딱 붙잡는 겁니다. 꼼짝할 수가 없는 상황에서 제가 수영을 잘 하는 사람도 아니었기에, 할 수 없이 그 여자 청년을 떼어놓고 나왔습니다. 그리고 잠시 후 다시 물속으로 잠수해서 들어가 밑에서부터 다리로 끌어내어 구할 수 있었습니다. 물에 빠진 사람을 구하는데, 제일 힘든 것이 꼭 붙잡고 놓지 않는 사람입니다. 구조원들이 물에 빠진 사람을 구할 때는 절대 사람에게 잡히면 안 됩니다. 그래서 때려서 기절을 시키기도 하고, 힘 빠질 때까지 기다리기도 합니다.

우리가 공포심 가운데 허우적거릴 때는 아무 것도 들리지 않기 때문에 누구도 우리를 도와줄 방법이 없습니다. 그래서 하나님은 무서움에 떠는 이스라엘 백성을 향하여 '너희는 잠잠히 서서 내가 너희를 위해 행하는 일을 보라'고 말씀하신 것입니다.

밤새도록 일어난 일

저는 홍해가 갈라진 기적을 그냥 모세가 손을 들었을 때 홍해가 갈라진 정도로 생각했습니다. 그런데 출애굽기 14장 21절을 보면서 주목하게 된 부분이 있습니다.

모세가 바다 위로 손을 내밀매 여호와께서 큰 동풍이 밤새도록 바닷물
을 물러가게 하시니 물이 갈라져 바다가 마른 땅이 된지라 출 14:21

바로 '밤새도록'이라는 말입니다. 홍해는 '밤새도록' 동풍이 불어서 갈라졌습니다. 이게 무슨 바람인지 아십니까? 이집트와 시내 반도는 사막입니다. 저 아라비아 사막에서부터 동풍이 불어오는데, 이 동풍은 우리가 생각하는 좋은 바람이 아니라 소위 시로코의 열풍입니다. 이 동풍은 무서운 바람입니다.

이스라엘 백성이 홍해 앞에서 가만히 서서 여호와 하나님이 행하신 일을 볼 때, 밤새도록 불었던 것이 동풍입니다. 그 순간이 얼마나 무서웠을까요? 뒤에는 애굽 병사들이 쫓아오고, 밤새도록 바람이 부는 그 상황에 이스라엘 백성은 얼마나 가슴을 졸이고 있었을까요? 우리가 생각하는 것처럼 순식간에 바람이 불어 쫙 바다가 갈라지고 그들이 바다를 건너고 애굽 군대는 그냥 수장된 그런 사건이 아니라, 밤새도록 그 시간을 견뎌야 했다는 말입니다.

홍해 앞에서 하나님께서 바다를 가르시는 그 일은, '뚝딱' 하고 일어난 일이 아니라 때로 우리가 견뎌야 하는 시간입니다. 그래서 '너희는 가만히 서서'라고 표현합니다. 영어 성경에 "stand firm"(NIV 14:13)라고 되어 있습니다. 이것이 무슨 말입니까? 서 있는데 굳게 서라는 것입니다. '바람에 흔들리지 말고, 유혹에 흔들리지 말고, 어떤 두려움에도 흔들리지 말고 너희는 가만히 서서 여호와 하나님께서 행하시는 일을 보라!'는 것입니다. 그것이 얼마나 힘들고 버거운 일인지, 밤새도록 바람을 맞이하는 일이 얼마나 힘든 일인지 모릅니다. 그런데 이렇게 견디는 시간이 필요합니다.

이스라엘 백성이 출애굽 하기 전, 애굽에 10가지 재앙이 내려집니다. 바로는 한 가지 재앙이 있을 때마다 백성을 보내줄 것처럼 말하지만, 보내주지 않습니다. 그렇게 10가지 재앙이 애굽에 내려질 동안 계속됩니다. 가만히 보면, 하나님의 역사는 그냥 일어나는 것이 아니라 견디는 시간을 통해서 이루어짐을 알 수 있습니다. 그리고 기적이 일어날 때 그것이 믿음의 흔적이 됩니다. 이스라엘 백성은 홍해의 기적 앞에서 출애굽기 14장 31절에서 이렇게 고백합니다.

이스라엘이 여호와께서 애굽 사람들에게 행하신 그 큰 능력을 보았으므로 백성이 여호와를 경외하며 여호와와 그의 종 모세를 믿었더라 출 14:31

그런데 이렇게 놀라운 홍해의 기적을 경험했음에도 이스라엘 백성의 불평이 끝나지 않았습니다. 그들은 끊임없이 하나님께 불평합니다. '어떻게 그럴 수 있을까?' 하는 의문이 생기는 가운데 깨달아지는 것이 있었습니다. 기적을 보고 믿는 사람은 또 다른 기적이 일어날 때까지 불평한다는 것입니다.

성경에도 많은 사람이 기적을 보고 예수님을 따랐다는 기록이 있습니다. 그런데 기적을 보고 믿었던 그들을 십자가에 달리신 예수님 곁에서는 찾아볼 수 없었습니다. 잠시는 열광할 수 있습니다. 우리의 어려움 가운데서 풍족함을 주시고 병을 고치신 하나님의 능력을 바라보며 잠시는 하나님께 영광을 돌릴 수 있습니다. 그러나 결과만 바라보고 믿는 사람은 절대로 하나님을 믿는 사람이라고 할 수 없습니다. 정말 하나님을 믿는 사람들은, 기적을 보고 믿는 자들이 아니라 하나님을 믿는 사람들입니다.

이스라엘 백성 모두가 기적을 보았습니다. 하지만 그들 모두가 하나님과 동행하지는 못 했습니다. 기적을 보았던 사람이 가나안 땅에 들어간 것이 아니라 끝까지 하나님과 동행했던 사람이 가나안 땅에 들어갑니다.

헨리 나우웬의 『춤추시는 하나님』이란 책에는 이런 말이 있습니다.
"나는 내 일에 늘 방해물이 끊이지 않는다고 항상 불평했습니다. 그러나 그 방해물이 바로 내 일이라는 사실을 깨달았지요."

하늘나라를 향해 가는 우리 인생의 길에는 수없이 많은 방해물이 있습니다. 그런데 이 모든 방해물이 내가 아니면 할 수 없는 것입니다. 장기 환자를 보살피는 일이 힘 든 방해물이지만, 내가 할 일입니다. 장애를 가진 자녀를 뒷바라지하는 일이 평생 짐이 되지만 내가 할 일입니다. 치매 노인을 치다꺼리하는 일이 우리 삶에 큰 방해물이지만 깊이 살펴보면 이 모든 것이 다 나의 일입니다. 이스라엘이 당한 방해물이 있습니다. 홍해도, 애굽 병거도, 배고픔도, 고기가 먹고 싶은 것도, 목마름도 모두가 걸림돌이 아니라 해결해야 할 문제입니다. 이 모든 것을 하나씩 해결하면 해결되는 기쁨이 있고, 가나안이 보입니다.

내가 해야 하는 일이 있습니다. 이스라엘 백성이 홍해를 앞에 두고 있을 때 다른 누구도 홍해를 대신해서 건널 수 없습니다. 가나안 땅에 들어가기 위해서 이스라엘 백성은 그들의 발로 홍해를 건너야 했습니다. 무척 버겁고 힘든 일이었을 겁니다.

그런데 홍해를 건넜는데도 역시 그들은 무거운 짐을 지고 가야 했습니다. 그것은 피할 수 있는 일이 아니었습니다. 그 길을 지나야만 그들은 가나안 땅에 갈 수 있었습니다. 중요한 것은 내가 그 무거운 짐을 만날 때마다 하나님과 함께 있느냐는 것입니다. 건너게 하시고 그 짐을 이기게 하신 하나님과 함께 끝까지 그 길을 가느냐의 문제입니다.

성경은 우리에게 정말 중요한 것을 가르쳐 줍니다. 그것은 홍해를 피하는 방법이 아니라 홍해를 건너는 방법입니다. 오늘 우리가 전혀 꿈꾸지 않았는데 무거운 짐, 홍해가 있습니다.

나에겐 너무나 버겁고 힘든 일인데도 하나님은 이것을 피해 가라고 말씀하지 않습니다. '건너야지, 네가 건너야지, 누가 건너냐? 힘들어도 그거 네가 감당해야 돼.'라고 말씀하십니다. 그러나 우리가 기억해야 할 것은 절대 혼자 감당하게 내버려두지 않으신다는 사실입니다.

홍해를 건너 광야로 나아갑시다. 광야 가운데 함께하시는 하나님을 경험하며 가나안 땅으로 나아갑시다. 하나님께서 우리와 함께하실 것입니다.

생각열기

✳ **내 삶을 점검해 보고자 합니다. 아래의 물음에 솔직하게 답변 해보십시오.**

1. 지나온 나의 삶을 돌이켜 보면, 평탄한 길이었다.

   그렇다 ☐   조금 그렇다 ☐   별로 그렇지 않다 ☐   그렇지 않다 ☐

2. 나는 '홍해'와 같은 내가 해결할 수 없는 어려움을 만난 적이 있다.

   그렇다 ☐   아니다 ☐   모르겠다 ☐

3. '홍해'와 같은 두려움이 내 앞에 나타났을 때, 내 마음은 어떠했나?

   담대했다 ☐   초조했다 ☐   두려웠다 ☐   잘 모르겠다 ☐

4. '홍해'와 같은 두려움이 내 앞에 나타났을 때, 나는 무엇을 의지하며 지났는가?

   하나님 ☐   나 ☐   주변의 사람 ☐   포기했다 ☐   잘 모르겠다 ☐

배워보기

✳ 홍해 앞에서

1. 홍해 앞에 선 이스라엘 백성은 _____

모세가 백성에게 이르되 너희는 두려워하지 말고 출 14:13

이스라엘 백성은 홍해 앞에서 하나님을 향한 믿음이 적나라하게 드러났습니다. 홍해는 우리에게 두려움의 대상이기도 하지만, 이처럼 우리의 믿음이 어떠한지를 증명하는 기회의 장이기도 합니다.

2. 홍해 앞에 선 이스라엘 백성은 _____

가만히 서서 여호와께서 오늘 너희를 위하여 행하시는 구원을 보라
출 14:13

이스라엘 백성은 홍해 앞에서 "어떻게 이 홍해를 건널 수 있을까?"라고 물었습니다. 그러나 '어떻게'라는 물음은 우리에게 답을 주지 못합니다. 그러면 어떻게 그 질문이 바뀌어야 할까요? "하나님께서 왜 이

홍해를 두셨는가?" '왜'라고 묻게 되면 자연스럽게 이 문제는 하나님께로 넘어갑니다. 즉 하나님께서 홍해를 두신 이유가 있다면, 이것을 해결하실 분 또한 하나님이시라는 것입니다.

✸ 하나님이 이끄셨다

이스라엘 백성은 출애굽 하여 가나안 땅을 향해 가는데 하나님의 명령으로 그들의 길을 돌이켰습니다. 그런데 그들이 마주하게 된 장소가 홍해였습니다. 즉 홍해는 그들 앞에 우연히 나타난 것이 아니라 하나님께서 그들의 길을 돌이켜서 서게 하신 곳입니다.

여호와께서 모세에게 말씀하여 이르시되 이스라엘 자손에게 명령하여 돌이켜 바다와 믹돌 사이의 비하히롯 앞 곧 바알스본 맞은편 바닷가에 장막을 치게 하라 출 14:1-2

✸ 모세의 명령 4가지

13모세가 백성에게 이르되 너희는 두려워하지 말고 가만히 서서 여호와께서 오늘 너희를 위하여 행하시는 구원을 보라 너희가 오늘 본 애굽사람을 영원히 다시 보지 아니하리라 14여호와께서 너희를 위하여 싸우시리니 너희는 가만히 있을지라 출 14:13-14

소그룹 나눔

1. 너희는 _____

2. _____

3. _____행하시는

4. _____

✳ 밤새도록 일어난 일

> 모세가 바다 위로 손을 내밀매 여호와께서 큰 동풍이 밤새도록 바닷
> 물을 물러가게 하시니 물이 갈라져 바다가 마른 땅이 된지라 출 14:21

하나님께서 홍해를 가르시는 일은 '뚝딱' 하고 일어난 일이 아닙니다.
"여호와께서 큰 동풍이 밤새도록 바닷물을 물러가게 하시니" 바로 밤새
도록 일어난 일입니다. 이스라엘 백성은 홍해 앞에서 가만히 서서 여호
와 하나님이 행하신 일을 지켜보았습니다. 뒤에는 애굽 병사들이 쫓아
오고, 밤새도록 바람이 부는 그 상황에 이스라엘 백성은 얼마나 가슴
졸이고 있었을까요?
그런데 이스라엘 백성에게는 이렇게 기다리는 시간, 견디는 시간이 필요
했습니다. 왜냐하면, 하나님은 이스라엘 백성에게 홍해를 피하는 방법
이 아니라 홍해를 건너는 방법을 가르쳐 주고 싶으셨기 때문입니다.

내 삶에 적용하기

1. 나는 홍해 앞에서 "어떻게 이 홍해를 건널 수 있을까?"를 묻습니까? 아니면 "왜 하나님께서 이 홍해를 두셨는가?"라고 묻습니까?

2. 하나님의 말씀에 순종하여 나아갔는데, 내 생각이나 계획과는 다른 삶이 놓일 때 나는 어떻게 반응합니까?

3. 지나온 내 삶에 홍해와 같았던 어려운 상황을 정리해 보고, 그 상황이 어떻게 지나갔는지를 정리해 봅시다.

어려운 상황/문제	해결 과정

묵상&기도

이스라엘 백성은 홍해 앞에서 하나님을 향한 믿음이 적나라하게 드러 났습니다. "하나님께서 왜 이 홍해를 두셨는가?"라고 묻지 않았기 때문 입니다. 이스라엘 백성을 홍해로 이끄신 분이 바로 하나님이셨습니다. 홍해 앞에 선 이스라엘 백성을 향하여 모세는 명령합니다. "너희는 두 려워하지 말고 가만히 서서 여호와께서 너희를 위하여 행하시는 구원을 보라!" 그러자 하나님은 밤새도록 큰 바람을 일으키셔서 홍해를 가르셨 습니다.

✴ 묵상 질문

나는 인생의 홍해 앞에서 불평과 비난의 대상을 찾습니까? 아니면 믿음 으로 반응합니까?

나는 내 힘으로 해결할 수 없는 어려움 속에서 나의 능력을 바라보며 불안해합니까? 하나님의 능력을 기대합니까?

✳ 깊이 묵상하기

지침

1. 주님께 질문하십시오.

2. 믿음을 가지고 그분의 응답을 기다리십시오.

3. 하나님이 응답하시면, 그것이 당신의 삶에서 갖는 의미가 무엇인지 생각해 보십시오.

4. 주님의 생각에 당신의 선택과 행동을 일치시키겠다고 구체적으로 고백하십시오.

✳ 주님과 대화하기

지침

기도 제목을 나누십시오.

¹이 때에 모세와 이스라엘 자손이 이 노래로 여호와께 노래하니 일렀으되 내가 여호와를 찬송하리니 그는 높고 영화로우심이요 말과 그 탄 자를 바다에 던지셨음이로다 ²여호와는 나의 힘이요 노래시며 나의 구원이시로다 그는 나의 하나님이시니 내가 그를 찬송할 것이요 내 아버지의 하나님이시니 내가 그를 높이리로다 ¹¹여호와여 신 중에 주와 같은 자가 누구니이까 주와 같이 거룩함으로 영광스러우며 찬송할 만한 위엄이 있으며 기이한 일을 행하는 자가 누구니이까

출 15:1-2, 11

03

하나님과 함께하는 여정

모세의 노래

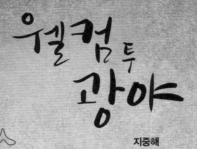

웰컴투
광야

암몬

지중해

Jericho
여리고

CANAAN
가나안

사해
Dead
Sea

람세스

EGYPT
Goshen
고센

숙곳

비돔

wilderness of Shur

가데스
바네아

Kadesh

이스라엘 백성이 건넌 홍해 지점(추정)

wilderness of Paran

마라

엘림

시내반도
wilderness of Sin

엘랏

이집트

Red
Sea

홍해

루비딤

하세롯

기브롯핫다아와

Mt. Sinai
시내산

미디안

이집트에서 약속의 땅 가나안까지(출애굽 경로)

이스라엘 백성의 노래

얼마 전 만나교회 평신도 부부가 방글라데시 단기 선교사로 파송을 받았습니다. 남자 분은 40년 신앙경력에 성가대 지휘자로 18년 동안 봉사를 해온 누가 봐도 신실한 그리스도인이라 자부하던 분이었습니다. 단지, 그가 신앙생활을 하면서 연약했던 부분은 술을 끊지 못한 것이었습니다. 자신이 폭음을 하는 것도 아니고, 술집에 가는 것도 아니고 그냥 밥 먹으면서 반주를 하는 것이 전부라 단지 습관일 뿐이라고 생각했습니다. 이분이 평소에 성가대 지휘를 하면서 똑같은 음인데 1절만 부르면 되지 왜 찬송가를 3, 4절까지 부르는지 이해가 안 되었다고 합니다.

그런데 지난 2011년에 변화산새벽기도회를 하면서 하나님의 은혜를 경험하게 되었습니다. 인격적으로 하나님을 만나면서, 전에는 죄로 생각하지 않았던 것이 죄로 느껴지기 시작했습니다. 술을 먹는 것이 아무런 문제가 없다고 생각했는데, 술에 중독된 자신의 모습을 깨닫게 되었고, 예배 시간에 찬송을 부르는데 그렇게 눈물이 나더랍니다. "세상 부귀 안일함과 모든 명예 버리고" 이렇게 찬송을 부르면서 자신에게 이런 질문을 했다고 합니다. '하나님을 만나고 하나님의 뜻대로 살기로 했지만, 세상 부귀 안일함과 모든 명예를 버리면 나는 무슨 낙으로 살아갈까?'

3분 이상 기도하는 사람을 이해할 수 없었던 사람이, 찬송가를 1절 이상 부르는 것을 이해할 수 없었던 사람이, 중보기도팀에서 봉사하고 온종일 중보기도를 하고 찬양하면서 그 시간이 얼마나 귀한 것인 줄 깨닫게 되었고 급기야는 그의 인생을 방글라데시에 헌신하게 된 것입니다. 정말 힘들게 사는 나라에 가서 그들을 위해 섬기며 사는 것에 대한 기대감이 생겼다는 겁니다. 저는 그분의 이야기를 들으며 이렇게 이야기를 했습니다.

"홍해를 건넜군요!"

홍해를 건너기 전에는 그것이 너무나 큰 두려움이었고, 내가 어떻게 이렇게 살아갈 수 있을까 생각했을지 모르지만 홍해를 건너고 나면 오히려 찾아오는 기대감이 있습니다. 홍해를 건너게 하신 하나님을 인격적으로 만나면, 자신감이 생깁니다. 홍해를 건너게 되는 순간 깨닫는 것이 있습니다.

'하나님은 나와 동행하는 분이시구나. 하나님은 추상적인 분, 우리 조상의 하나님일 뿐 아니라 아니라 나와 함께 홍해를 건너신 분이구나.'

홍해를 건너 이스라엘 백성이 가야 할 그곳은 결코 안락함이 기다리는 곳이 아닙니다. 그렇지만, 하나님께서 동행하실 인생의 여정이기에 가슴이 벅차올랐을 것입니다. 그들은 두려움으로 건넌 홍해를 바라보며 이제 새로운 기대감으로 하나님께 받은 놀라운 은혜를 찬양했습니다. 홍해를 건넌 이스라엘 백성의 마음을 가장 잘 표현하는 말이 '기대감' 아닐까요?

1이 때에 모세와 이스라엘 자손이 이 노래로 여호와께 노래하니 일렀으되 내가 여호와를 찬송하리니 그는 높고 영화로우심이요 말과 그 탄 자를 바다에 던지셨음이로다 2여호와는 나의 힘이요 노래시며 나의 구원이시로다 그는 나의 하나님이시니 내가 그를 찬송할 것이요 내 아버지의 하나님이시니 내가 그를 높이리로다 출 15:1-2

우리가 주목해야 할 것은 이 노래를 부르는 주어가 '내가'라고 되어 있다는 것입니다. 하나님은 '나의' 하나님이시며 나의 구원이십니다. 이 찬양의 고백은 누구나 부를 수 있는 것이 아닙니다. 바로 그 구원의 현장에 있었던 사람들의 간증입니다. 하나님을 경험한 자들에게 앞으로 일어날 싸움은 이미 '이겨놓고 싸우는 싸움'입니다. 앞으로 광야에서 겪게 될 어려움이 많겠지만, 이미 그들은 가장 위대하신 하나님을 경험했기 때문에 하나님을 찬양할 수 있었습니다.

신앙생활을 할 때 참 재미있는 현상을 발견합니다. 찬양은 늘 부르지만, 나와는 상관도 없고, 감동도 없이 부르다가 어느 날 그 찬양이 감동적인 나의 찬양으로 다가오는 '때'가 있습니다. 그때는 바로 그 찬양의 주인공인 하나님이 나의 삶에서 경험될 때입니다.

이스라엘 백성이 이제야 비로소, 하나님의 능력을 그들의 눈으로 보게 됩니다. 지금까지는 그저 모세를 따라왔을 뿐이었습니다. 열 가지 재앙 가운데서도, 그들이 재앙을 만난 것이 아니라, 애굽 백성에게 일어났던 재앙에 대해 단지 듣기만 했을 뿐입니다. 그러나 그들은 죽음의 위협이 있는 홍해 앞에서 하나님의 크신 능력을 보고 이렇게 고백합니다. "여호와는 나의 힘이시며 노래시며 나의 구원이십니다. 내가 어찌 그 하나님을 찬양하지 않겠습니까?" 그들은 감격 속에서 하나님을 찬양합니다.

이스라엘 백성은 하나님의 인도함을 받기 전에 애굽의 많은 신과 바로라는 우상 앞에서 살았습니다. 그들이 애굽에서 430년을 살면서 보고 아는 위대한 이는 애굽 왕 바로였습니다. 바로는 살리기도 하고 죽이기도 했습니다. 그들의 눈에는 바로만 보였고 그것이 절대적이라고 생각했습니다. 그런데 알고 보니 바로는 하나님 앞에 아무

것도 아니었습니다. 하나님은 세상에서 가장 강한 애굽의 왕과 군사들이 몰고 온 병거들을, 마치 휴지 조각을 불에 던지듯 한 손으로 멸망시켰습니다. 그래서 그들은 하나님을 이렇게 찬양했습니다.

"너희는 여호와를 찬양하라. 그는 높고 영화로우심이요, 말과 그 탄 자를 바다에 던지셨음이로다." 우상의 특징은 위엄이 없다는 것입니다. 우상이 아무리 거대해도 사람들이 관리하지 않으면, 존재할 수 없기 때문에 우습습니다. 그러나 하나님은 우상과 다릅니다. 그분은 천지를 지으신 신입니다. 하나님은 택한 백성을 끝까지 책임지고 그의 원수를 쳐부수고 당신의 백성을 의의 길로 인도하시는 분입니다. 그런 하나님을 오늘 이스라엘 백성이 만난 겁니다.

이스라엘 백성 앞에 위험이 닥쳤습니다. 과거에 적을 치러 가던 무적의 애굽 전차들이 자기들을 향해 돌진해오는데 앞에는 홍해가 막혀 있어서 도망칠 곳도 전혀 없습니다. 그들은 모두 절망했고 모세가 원망스러웠습니다. 다른 사람들이 아무리 어려움을 당하고 고난을 겪어도 실감이 나지 않았는데, 그것이 막상 자신에게 닥쳐오니 그제야 정신이 번쩍 든 겁니다. 자신의 목숨이 위협당하고 죽을 수밖에 없는 절망에 빠졌는데도 도움 받을 길이 전혀 없다가 하나님의 도우심으로 그 어려움에서 헤어나왔을 때 그 입에서 비로소 이런 감격의 찬양이 터져 나옵니다. 그들은 하나님의 위엄을 보았습니다. 바다를 가를 만큼 엄청난 바람을 불게 하시는 하나님의 능력을 보았습니다. 그래서 자신들이 보았던 하나님을 고백하기 시작합니다.

여호와여 신 중에 주와 같은 자가 누구니이까 주와 같이 거룩함으로 영
광스러우며 찬송할 만한 위엄이 있으며 기이한 일을 행하는 자가 누구
니이까 출 15:11

모세는 너무나 감격스러워 하나님을 자랑하지 않고는 견딜 수 없
는 마음이 듭니다. 지금까지 이스라엘 백성이 당했던 수치가 무엇입
니까? 애굽 땅에서 종살이를 했습니다. 출애굽 한다고 나왔지만 거
대한 군사들이 그들을 쫓고 있었고, 그들은 오합지졸이었습니다. 어
쩌면 그들은 홍해 앞에서 파리 목숨 같은 자들이었습니다. 그런데
하나님께서 그것을 바꾸신 겁니다. 하나님께서 파리 목숨과 같았던
이스라엘 백성을 구원해내셨고, 그 큰 군대를 물에 수장시켜 버리셨
습니다.

이 믿음의 고백 앞에서 신앙의 수준이 달라집니다. 우리의 신앙
은 늘 분명한 경계선 속에 있습니다. '홍해를 건넌 사람과 홍해를 건
너지 못한 사람'으로 말입니다.

하나님과 함께 떠나는 여행

우리 인생에는 늘 홍해가 있습니다. 그러나 그 홍해는 누가 대신
건너 줄 수 있는 것이 아니라 내가 건너야 합니다. 그 홍해를 건너

야 가나안 땅에 들어갈 수 있습니다. 홍해를 건넌 후에는, 우리가 어떻게 광야의 길을 걸어갈 것이냐의 문제가 우리에게 주어집니다.

광야의 여정 가운데 고통이 다가올 때, 하나님과 동행하며 위대하신 하나님을 찬양하며 갈 수도 있고 불평과 어둠 가운데서 하나님을 원망하며 걸어갈 수도 있습니다. 이제 이것이 우리에게 주어진 일입니다. 우리가 홍해를 건너게 하신 위대하신 하나님을 붙들고, 그 믿음의 기억을 가지고 광야를 건넌다면 어떠한 어려움 가운데서도 하나님과 동행하며 위대하신 하나님을 찬양할 수 있습니다.

저는 이스라엘 백성을 보며 고통이 축복이라는 생각을 합니다. 사실 이 말은 듣기 싫은 소리로 들릴 수 있습니다.

'하나님을 좀 편하게 믿고 싶어요! 왜 고통을 지나야만 축복을 받아요? 하나님 저는 그냥 복만 주시면 안 돼요? 하나님, 제가 꼭 이런 병에 걸려야만 하나님을 찾을 수 있는 거예요?'

그러나 이스라엘 백성을 통해서 보여주시는 것은 고난이 축복이라는 겁니다. 하나님께서 이렇게 말씀하시는 것 같지 않으십니까?

"왜라고 물었니? 너희가 홍해를 건너지 않았다면, 나를 경험할 수 없기에 홍해를 건너는 고난이 너희에게 복이었고, 광야를 지나는 그 고난의 길도 내가 너희와 함께 할 것이기 때문에, 그것이 너희에게 복이란다!"

기도회 때 이런 말씀을 나눈 적이 있습니다.

"하나님께서 우리 모두에게 하나님의 자녀가 되는 특권을 선물로 주셨습니다. 여러분 모두 하나님의 자녀가 되는 신분을 얻었지만, 정작 그 신분에 걸맞은 수준을 얻는 것은 여러분의 몫입니다."

하나님께서 우리에게 홍해를 건너게 하셨다면 거기에 맞는 수준의 삶을 사는 것은 우리에게 달렸습니다.

언젠가 '위대하신 주' 찬양을 부르면서 왈칵 눈물이 났었습니다.

"How Great! 위대하신 주!

위대하신 주 찬양해 위대하신 주 모두 알게 되리라 위대하신 주

모든 이름 위에 뛰어나신 이름 다 찬양해 위대하신 주"

홍해를 건너기 전, 불평과 두려움에 가득 찼던 그들이 홍해를 무사히 건너고 위대하신 하나님을 바라보며 찬양합니다. 지금 그들이 부르는 찬양은 아무나 할 수 있는 것이 아닙니다. 홍해를 가르신 하나님을 보았고, 물에 수장되는 애굽 군대를 보았고, 그 위험 속에서 자신을 구원하신 하나님의 손길을 경험한 사람들의 찬양입니다. 홍해를 건너기 전에는 결코 부를 수 없었던 찬양을 지금 부르고 있습니다.

위대하신 하나님께서 홍해를 건너게 하셨다면 그분은 이제 광야에서도 우리와 함께하실 것입니다. 광야를 지나가는 이스라엘 백성은 더 이상 방랑자가 아닌 순례자입니다. 왠지 아십니까? 순례자는 돌아가야 할 본향이 있기 때문입니다. 하나님이 그들에게 가나안 땅으로 인도하시겠다고 하셨습니다. 지금 이 시간부터 그들은 광야

를 유랑하는 백성이 아니라 이미 하나님께서 약속으로 주신 광야를 향해 떠나는 순례자입니다.

이겨놓고 싸운다

홍해를 건너고 나서 그들이 부른 노래는 승리와 구원의 노래였습니다. 앞으로 우리가 이 여정을 가며 참 많은 어려움을 경험하겠지만, 하나님과 함께하는 우리는 이미 이겨놓고 싸우는 싸움을 하는 것입니다. 우리는 구원의 은혜를 체험하며 구원의 하나님을 고백합니다.

구원의 현장에 있었던 사람과 그렇지 않은 사람들이 어떻게 같을 수 있겠습니까? 오늘 우리가 부르는 구원의 찬양이 누군가의 찬양, 객관적인 찬양이 아니라 우리 삶의 고백이 되어야 합니다. 우리에게는 영적인 시샘이 필요합니다. 누군가 건넜던 홍해, 믿음으로 건너며 하나님을 체험했던 그 고백을 탐내고 부러워해서 그 경험을 나도 해보고 싶은 거룩한 욕심이 있어야 합니다. 찬양을 부를 때 맹숭맹숭한 찬양이 아니라 그것이 나의 찬양이 되어서 눈물이 쏟아지는 감격스러운 체험이 있어야 합니다.

이스라엘 백성이 얼마나 불쌍한 사람들입니까? 그들은 늘 소수민족이었고 애굽 땅에 들어간 것도 먹을 것이 없어서 들어간 것이었습니다. 하나님께서 그들에게 큰 민족을 이루게 하셨지만, 그들은 노예였고, 자랑할 것은 아무것도 없었습니다. 애굽에서 도망치듯 나왔지만 앞에는 홍해가 있고, 뒤에는 쫓아오는 애굽 군대를 바라보며 두려움에 떨었습니다. 그들은 한 번도 기를 펴보지 못한 민족이었습니다. 그러나 하나님께서 그들 앞에 위대한 일을 행하셨습니다. 적군을 수장시키는 하나님의 능력을 보여주셨습니다. 그들은 홍해 앞에서 하나님이 어떤 분이신지를 알게 되었습니다.

우리의 인생이 초라합니까? 늘 패배자였습니까? 마음속에 늘 상처와 어둠이 있었습니까? 하나님께서 홍해 앞에서 우리에게 위대한 기적을 일으키시기를 원하십니다. 기적은 꼭 필요할 때 일어납니다. 작게는 우리가 두통이 올 때 하나님보다는 약을 먼저 찾습니다. 큰 통증을 주는 요로결석이 와도 하나님께 기도하기보다는 좋은 쇄석기가 있는 병원을 먼저 떠올립니다. 이처럼 우리는 참 작은 일에도 하나님을 기억하는 것이 힘듭니다. 우리 인생에서 하나님을 기억하지 않으면 안 되는 순간을 맞이하는 것이 축복입니다. 그 순간부터 우리는 '이겨놓고 싸우는' 보험을 가지고 사는 사람들이 되기 때문입니다.

우리가 하나님을 찾는 때가 언제입니까? 우리에게 하나님의 기적이 일어나는 때가 언제입니까? 우리 인생에 가장 큰 고통 가운데 있을 때, 우리가 해결할 수 없는 일 앞에서 하나님의 기적이 일어납니다. 그래서 고난이 축복이라는 겁니다. 우리 스스로 해결할 수 없는 순간에 하나님의 능력을 볼 수 있고, 하나님의 능력을 보는 순간 그 능력을 의지하며 광야를 걸어갈 수 있기 때문에 그것이 우리에게 축복입니다.

행복하게 잘 사는 부부가 있었습니다. 언제부터인가 아내의 시력이 나빠지기 시작했고 직장을 다니는 아내가 혼자 직장에 갈 수 없는 상황이 돼서, 남편이 직장에 늘 데려다 주었습니다. 그렇게 늘 부인을 따라다닐 수 없어서 어느 날 남편이 아내에게 이렇게 말했습니다.

"여보, 이제 당신 혼자 출근해봐. 안 보여도 살아가는 방법을 찾아야지!"

남편의 말에 아내는 서운했지만, 그 후로 2년 동안 보이지 않는 눈으로 혼자 힘들게 출근을 했습니다. 그런데 어느 날 버스를 내리는데 기사 아저씨가 인사를 하면서 "참 아주머니는 행복하시겠어요."라고 말했습니다. 아내는 "아니 눈도 안 보이는 내가 뭐가 행복합니까?"라고 했더니 기사 아저씨가 "늘 남편이 그렇게 같이 따라다니니 얼마나 행복하십니까?"라고 하는 것이었습니다.

알고 보니 아내가 버스를 타면 남편이 아내의 뒷자리에 앉아서 지켜보고, 아내가 내리면 또 따라 내리고 아내가 출근하는 그 회사까지 따라가서 아내가 무사히 들어가는 것을 보았답니다. 2년을 그렇게 남편이 자신을 따라다닌 것을 알고는, '남편이 날 버린 게 아니었구나! 남편이 늘 나와 함께하고 있었구나!' 깨닫곤 입술에서 저절로 감사가 흘러나왔습니다.

남편이 늘 옆에 있었지만, 그 사실을 아내가 몰랐기 때문에 서운함과 원망이 있었습니다. 그러나 남편의 사랑과 보호를 깨닫는 순간, 아내의 마음에는 기쁨과 간격이 넘칠 수밖에 없었던 것입니다.

하나님과 함께 걷기

우리는 종종 홍해 앞에서, 인생의 광야 앞에서, 어려운 일을 당할 때 하나님이 나를 버리신 것만 같은 생각을 하게 됩니다. 언젠가 읽었던 책에서 이런 글귀를 보았습니다. "광야를 걷던 이스라엘 백성과 함께하신 하나님은 시속 3마일로 이스라엘 백성과 함께하셨다!"

그들이 걷는 고난의 광야 가운데 하나님은 이스라엘 백성과 똑같은 속도로 걷고 계셨고, 그들이 보지 못하고 깨닫지 못하는 가운데도 구름 기둥과 불 기둥으로 이스라엘 백성을 인도하셨습니다. 우리가 이 하나님의 능력을 모르고 살아가기 때문에 패배한 듯 살아가고, 하나님을 원망하는 것입니다.

그런데 이스라엘 백성이 홍해 앞에서 하나님의 능력을 전심으로 고백했던 것처럼 우리 삶에 아주 주관적이고 인격적인 하나님이 고백되기 시작할 때, 우리와 함께하시는 하나님을 고백할 수 있습니다.

"하나님이 나와 함께하셨구나! 하나님이 나를 버리신 것이 아니구나! 하나님이 내 뒤에서 나를 늘 지켜보고 계셨구나! 혹시라도 내가 잘못될까봐 조마조마한 마음으로 하나님이 나와 동행하고 계셨구나!"

우리는 그 하나님을 찬양하는 이스라엘 백성의 노래를 듣습니다. 홍해를 건너기 전 모세는 사람들에게 이야기합니다.

"잠잠하라 그리고 하나님이 행하시는 일을 보아라."

절망 가운데서 그들은 하나님의 역사를 보았습니다. 그리고 모세가 그 하나님을 찬양합니다. 어떻게 하면 우리도 이런 감격스런 찬양을 할 수 있을까요? 홍해 앞에서 온전히 하나님만을 바라보는 훈련이 필요합니다. '잠잠히 하나님만을 바라보는 것'이 필요합니다.

하나님께서 하시는 일은 우리의 예측을 넘어섭니다. 한순간에 가장 강력한 나라를 무릎 꿇게 할 수 있습니다. 이스라엘은 이제야 하나님을 제대로 발견하고 경험합니다. 조상 때부터 믿었던 아브라함의 하나님, 이삭의 하나님, 야곱의 하나님이 이제 자신의 하나님이 되는 순간입니다. 홍해를 건너기 전에 하나님은 나와 무슨 관계가 있는지 몰랐을 것입니다. 애굽에서 나오기 전 무시무시한 열 가지 재앙이 있었지만, 그 모든 재앙이 이스라엘이 머무는 땅에는 일어나지 않았습니다. 그저 나와는 상관없는 이야기와 기적이었을 뿐입니다. 그런데 그들이 홍해 앞에 서자, 그 하나님이 '내' 하나님이 되었습니다. 지금 그들이 부르는 찬양은 다른 누군가의 하나님이 아니라 바로 자신의 하나님이 되었습니다.

다윗이 사무엘하 22장 2-3절에서 하나님을 찬양합니다.

²이르되 여호와는 나의 반석이시요 나의 요새시요 나를 위하여 나를 건지시는 자시요 ³내가 피할 나의 반석의 하나님이시요 나의 방패시요 나의 구원의 뿔이시요 나의 높은 망대시요 그에게 피할 나의 피난처시요 나의 구원자시라 나를 폭력에서 구원하셨도다 삼하 22:2-3

다윗은 파란만장한 인생 속에서 하나님이 하시지 않으면 결코 경험할 수 없는 일을 경험했습니다. 그래서 다윗은 그의 인생을 통해서 그가 할 수 있는 최대의 찬사를 하나님께 보냅니다. 그가 모든 대적 가운데서 위험할 때 하나님은 방패가 되어 주셨고 그를 죽이려는 강력한 위협 앞에서 지켜주셨습니다. 그가 피할 곳이 없을 때 하나님이 그의 요새가 되어 주셨습니다. 아마도 다윗이 하나님의 마음에 합한 사람으로 살아가려고 하지 않았다면, 그가 중간에 하나님께 기름 부음 받은 자임을 포기했다면 결코 경험할 수 없는 일이었습니다. 하나님의 사람들은 고난이 깊으면 깊을수록, 더 깊은 하나님의 은혜를 체험하게 됩니다.

우리가 하나님을 찬송하는 것은 위대한 일입니다. 우리에게 하나님이 나의 하나님 됨이 위대한 일입니다. 우리의 인생에 위대한 일을 행하실 하나님을 고백하며 하나님과 함께 믿음으로 광야로 나아가지 않으시겠습니까?

생각열기

� 아래의 이야기를 읽고 다음의 질문에 솔직하게 대답하십시오.

평신도 부부가 방글라데시 단기 선교사로 파송을 받았다. 남편은 18년 동안 성가대 지휘자로 봉사한, 누가 봐도 신실한 그리스도인이었다. 단지 신앙생활을 하면서 그가 여전히 연약했던 부분은 술을 끊지 못한 것뿐이다. 폭음을 하는 것도 아니고, 술집에 가는 것도 아니고 그냥 밥 먹으면서, 반주를 하는 정도라 단지 습관일 뿐이라고 생각했다.

또한 그는 성가대 지휘를 하면서, 똑같은 음인데 1절만 부르면 되지 왜 찬송가를 3절, 4절까지 부르는지 이해가 안 되었다고 한다.

그런데 2011년에 변화산새벽기도회에 참석하면서 하나님의 은혜를 경험하게 되었다. 인격적으로 하나님을 만나면서, 전에는 죄로 생각하지 않았던 부분이 죄로 느껴지기 시작했다. 술을 먹는 것이 아무런 문제가 없다고 생각했는데, 술에 중독된 자신의 모습을 깨닫게 된 것이다. 3분 이상 기도하는 사람을 이해할 수 없었고, 찬송가를 1절 이상 부르는 것을 이해할 수 없었는데, 예배 시간에 "세상 부귀 안일함과 모든 명예 버리고" 찬송을 부르는데 눈물이 흘렸다. 중보기도팀에서 봉사하며 온종일 중보기도 하고 찬양하는 시간이 얼마나 귀한 줄 깨닫게 되었고, 급기야는 그의 인생을 방글라데시에 헌신하게 되었다. 정말 힘들게 사는 나라에 가서 그들을 위해 섬기며 살 것에 대한 기대감이 생겼다는 고백과 함께!

방글라데시 단기 선교사로 파송 받은 남편의 삶에 어떤 변화가 있었습니까? 그 변화의 원인이 무엇이라고 생각합니까?

배워보기

✴ 홍해를 건넌 이스라엘 백성의 노래

홍해 앞에서 하나님의 위대하심을 직접 목격한 이스라엘 백성은 홍해를 건넌 후 하나님을 노래합니다. 그들이 이렇게 하나님의 위대하심을 노래할 수 있었던 것은 하나님이 어떤 분인지 보았고, 그로 인해 '기대

감'이 생겼기 때문입니다. 그들은 홍해를 건너는 순간 깨닫습니다. "하나
님은 나와 동행하는 분이구나! 하나님은 우리 조상만의 하나님이 아니
라 나의 하나님이구나!"

¹이 때에 모세와 이스라엘 자손이 이 노래로 여호와께 노래하니 일렀
으되 내가 여호와를 찬송하리니 그는 높고 영화로우심이요 말과 그 탄
자를 바다에 던지셨음이로다 ²여호와는 나의 힘이요 노래시며 나의 구
원이시로다 그는 나의 하나님이시니 내가 그를 찬송할 것이요 내 아버
지의 하나님이시니 내가 그를 높이리로다 출 15:1-2

✳ 이스라엘 백성이 애굽에서 보았던 우상과 홍해에서 체험한 하나님 비교

비교	우상	하나님
특징	사람이 만들어 세우고 보호해야 함	사람을 포함해서 천지를 지으셨고, 원수를 처부수고, 택한 백성을 끝까지 책임지고 의의 길로 인도하심
시야	거대하게 지을 수 있음	형체가 없음
홍해 앞 능력비교	강력하게 보이던 병거들이 휴지조각처럼 아무 능력 없이 물속에 사라짐	죽음의 위험 가운데서 진퇴양난의 어려움 가운데서 홍해를 가르심
위엄유무	위엄이 없다	위엄이 있으시다

✳ 하나님과 함께 떠나는 여행

홍해를 건넌 이스라엘 백성 앞에 광야의 길을 어떻게 걸어갈 것이냐 하는 새로운 문제가 기다리고 있습니다. 우리는 다음 두 개의 길 중에 선택해야 합니다.

1. _____갈 수 있습니다.
2. _____갈 수 있습니다.

위대하신 하나님께서 홍해를 건너게 하셨다면 그분은 이제 광야에서도 우리와 함께하실 것입니다. 광야를 지나가는 이스라엘 백성은 더 이상 방랑자가 아닙니다. 하나님이 그들에게 가나안 땅으로 인도하시겠다고 선포하셨기 때문에 그들은 이제 광야를 향해 떠나는 순례자입니다.

✳ 이겨놓고 싸운다

홍해를 건너고 나서 이스라엘 백성이 부른 노래는 '승리'와 '구원'의 노래입니다. 그들은 자기 앞에 펼쳐질 일을 아직 모르고 있습니다. 그러나 홍해를 건넌 이상 그들은 이미 위대하신 하나님과 함께하는, 이겨놓고 싸우는 사람들입니다.

우리가 하나님을 찾는 때는 언제입니까? 우리에게 하나님의 기적이 일어나는 때는 언제입니까? 우리가 가장 큰 고통을 경험할 때, 우리가 해결할 수 없는 일 앞에서 하나님의 기적은 일어납니다.

✳ 하나님과 함께 걷기

하나님과 함께 걷기 위해서 어떻게 해야 할까요? 이와 같이 걸어갈 때
하나님과 함께 걸어갈 수 있습니다.

1. 하나님의 능력을 의지하며 걷기
2. 온전히 하나님만을 바라보며 걷기
3. 다윗처럼 걷기

[2]이르되 여호와는 나의 반석이시요 나의 요새시요 나를 위하여 나를
건지시는 자시요 [3]내가 피할 나의 반석의 하나님이시요 나의 방패시요
나의 구원의 뿔이시요 나의 높은 망대시요 그에게 피할 나의 피난처시
요 나의 구원자시라 나를 폭력에서 구원하셨도다 삼하 22:2-3

내 삶에 적용하기

1. 홍해를 건넌 이스라엘 백성은 하나님의 위대하심을 찬양합니다. 이 찬양의 고백은 구원의 현장에 있었던 하나님을 경험한 사람들이 부른 찬양이었습니다. 나는 구원의 하나님을 만난 기쁨을 찬양한 적이 있습니까?

2. 홍해를 건넌 이스라엘 백성 앞에 광야가 펼쳐져 있습니다. 그 광야를 지날 때 하나님과 동행할 것인지, 아니면 하나님을 원망하며 갈 것인지 선택해야 합니다. 그런데 광야의 길은 어려움과 고통이 따르는 길입니다. 그렇다면, 나의 선택은 무엇입니까?

3. 우리는 언제 하나님을 찾습니까? 우리에게 하나님의 기적이 일어나는 때는 언제입니까?

묵상하기

홍해를 건넌 이스라엘 백성이 하나님의 위대하심을 찬양합니다. 그런데 이 찬양의 고백은 홍해 앞에서, 죽음의 위협 앞에서 하나님의 능력을 직접 목격한 사람들이 부른 찬양입니다. 이러한 믿음의 고백 앞에서 신앙의 수준은 달라집니다. 우리는 홍해를 건넌 사람이 될 수도, 건너지 못한 사람이 될 수도 있습니다. 그러나 홍해를 건넌 사람에게만 주어지는 선택권이 있습니다. 그것은 이제 그들 앞에 펼쳐진 광야의 길을 하나님과 함께 걷는 것입니다.

✳ 묵상 질문

나는 하나님의 일하심을 믿고 기대감으로 홍해를 건넌 사람입니까? 아니면 눈앞에 보이는 어려움을 두려워하여 홍해를 건너지 못한 사람입니까?

하나님과 함께 걷기 위해 나에게 가장 필요한 것은 무엇입니까?

✳ 깊이 묵상하기

지침

1. 주님께 질문하십시오.

2. 믿음을 가지고 그분의 응답을 기다리십시오.

3. 하나님이 응답하시면, 그것이 당신의 삶에서 갖는 의미가 무엇인지 생각해 보십시오.

4. 주님의 생각에 당신의 선택과 행동을 일치시키겠다고 구체적으로 고백하십시오.

✳ 주님과 대화하기

지침

기도 제목을 나누십시오

²²모세가 홍해에서 이스라엘을 인도하매 그들이 나와서 수르 광야로 들어가서 거기서 사흘길을 걸었으나 물을 얻지 못하고 ²³마라에 이르렀더니 그 곳 물이 써서 마시지 못하겠으므로 그 이름을 마라라 하였더라 ²⁴백성이 모세에게 원망하여 이르되 우리가 무엇을 마실까 하매 ²⁵모세가 여호와께 부르짖었더니 여호와께서 그에게 한 나무를 가리키시니 그가 물에 던지니 물이 달게 되었더라 거기서 여호와께서 그들을 위하여 법도와 율례를 정하시고 그들을 시험하실새 ²⁶이르시되 너희가 너희 하나님 나 여호와의 말을 들어 순종하고 내가 보기에 의를 행하며 내 계명에 귀를 기울이며 내 모든 규례를 지키면 내가 애굽 사람에게 내린 모든 질병 중 하나도 너희에게 내리지 아니하리니 나는 너희를 치료하는 여호와임이라 ²⁷그들이 엘림에 이르니 거기에 물 샘 열둘과 종려나무 일흔 그루가 있는지라 거기서 그들이 그 물 곁에 장막을 치니라

출 15:22-27

04

점검이 필요하다

마라와 엘림에서

웰컴투
광야

암몬

Jericho
어리고
CANAAN
가나안
사해
Dead
Sea

지중해

람세스

EGYPT
Goshen
고센

wilderness of Shur

가데스
바네아
Kadesh

비돔

숙곳

이스라엘 백성이 건넌 홍해 지점(추정)

wilderness of Paran

마라
엘림

엘랏

시내반도
wilderness of Sin

이집트

Red
Sea

홍해

하세롯

기브롯핫다아와

르비딤

Mt. Sinai
시내산

미디안

이집트에서 약속의 땅 가나안까지(출애굽 경로)

점검1 - 은혜가 떨어질 때

어떤 전도사가 페이스북에 올린 글입니다.

지난날을 돌아보니 내가 외로울 때마다 늘 내 곁에 있어주던 당신.
당신 없이 내가 살 수 있었을까
이스라엘 백성에게 낮에는 구름 기둥이 밤에는 불 기둥이 있었듯이
나에게도 동일하게 다가와 주셨던 당신.
당신을 떠난 지금 가끔씩 생각납니다.
나도 한땐 좋았었는데.

그대 이름 이젠 입에 담기도 어색하지만, 다시 한 번 부르짖어 봅니다.

그리운 이름이여.

그대 이름은

담. 배.

우리가 '은혜를 받았다!' 혹은 '은혜 가운데 산다!'라고 말하지만, 이러한 감정이 지속적이지 않습니다. 은혜가 떨어질 때 가장 먼저 나타나는 현상은 은혜를 알기 전, 우리의 육신이 가장 편안하고 익숙했던 상태로 돌아간다는 것입니다.

왜 이 전도사가 그런 글을 썼을까요? 아마도 우리가 신앙생활을 하면서 느끼는 솔직한 감정의 고백은 아닐까요? 우리가 지금 만나는 마라와 엘림의 사건 또한 우리의 삶을 그대로 보여주는 듯합니다.

우리가 인생을 살면서 느끼는 것 중의 하나가 행복한 감정이 그렇게 오래가지 못한다는 것입니다. 아마도 이스라엘 백성이 감정적으로 절정의 때가 출애굽기 15장 아니겠습니까?

홍해에서 승리를 맛보고, 그들을 뒤쫓아 오던 애굽 군사들이 다 수장된 후 부른 승리의 노래가 바로 며칠 전인데 단지 사흘을 걸었다고 그들의 행복이 끝이 난 것입니다.

모세가 홍해에서 이스라엘을 인도하매 그들이 나와서 수르 광야로 들어
가서 거기서 사흘길을 걸었으나 물을 얻지 못하고 출 15:22

'수르'라는 말은 '바위'라는 말입니다. 그들이 홍해를 하나님의 기적으로 건넜지만, 수르라는 곳은 바위를 걷는 것과 같이 힘든 곳이었고, 물이 없는 지역이었습니다. 그래서 사흘 길을 걸어도 물 한 방울도 얻을 수가 없었습니다. 여기서 사흘 길이란 이스라엘 백성이 애굽에서 가져온 물이 다 떨어진 때를 말합니다.

이 수르의 과정은 이스라엘 백성이 의지하던 것을 다 바닥나게 하시고 비우게 하시는 과정입니다. 하나님은 우리에게도 수르의 과정을 지나가게 하시는 경우가 있습니다. 이 시간이 무척이나 괴롭고 힘들지만, 이러한 과정을 통해서 하나님은 우리가 의지하는 것이 무엇인지를 깨닫게 하십니다.

어떤 사람들에게는 물질을 비우게 하십니다. 물질이 그들이 의지하는 우상이기 때문에 그렇습니다. 사람들은 이러한 일을 당하고 난 뒤에야 하나님 앞에 돌아오는 경우가 많습니다. 어떤 사람들에게는 그들이 자신하고 의지하던 그들의 건강을 비우십니다. 그들이 건강을 잃고 나서야 하나님을 의지합니다. 질병이 생깁니다. 병으로 고통을 당합니다. 그들이 의지하던 육체라는 것이 얼마나 연약한 것인가를 깨닫습니다. 그때서야 하나님을 의지하는 변화가 일어납니다.

어떤 사람들에게는 그들이 자신 있게 하던 일을 비우게 하시는 경우도 있습니다. 그들은 그 분야에서 많은 경험과 능력이 있습니다. 그러나 아무것도 못 하게 하십니다. 그들이 그렇게 자신 있게 해 왔던 일을 할 수 있는 환경을 거두어 가십니다. 이유는 그 일이 그들의 우상이 되었기 때문입니다.

다음으로 이스라엘 백성이 도착한 곳은 그들이 이름을 붙인 '마라'였습니다. '마라'라는 말은 '쓰다', '괴롭다'는 말입니다.

> [23]마라에 이르렀더니 그 곳 물이 써서 마시지 못하겠으므로 그 이름을 마라라 하였더라 [24]백성이 모세에게 원망하여 이르되 우리가 무엇을 마실까 하매 출 15:23-24

물이 문제였습니다. 사막 길 여행에서 가장 절박한 필요는 물이 아닙니까? 사흘 동안 물을 마시지 못한 그 백성의 타는 목마름을 상상해 보십시오. 마침내 백성의 원망이 시작됩니다. 지도자를 원망하고 하나님을 원망하고 자신의 처지를 또한 원망했을 겁니다. 그런 상황에서 우물을 겨우 발견했는데 불행하게도 그 물은 마실 수 없는 쓴 물이었습니다. 더러는 이 마실 수 없는 물을 마신 후 토하고 병들어 눕기까지 합니다. 이 고통의 경험을 안겨다 준 곳이 바로 '마라'라는 장소였습니다. '마라'는 '쓴맛', 영어로는 'bitterness', '쓰디쓴 고통'이라는 뜻입니다.

이스라엘 백성이 홍해를 건넌 후 남동쪽으로 방향을 잡고 사흘간을 여행합니다. 이 많은 백성이 여행하기 위해서는 하루에 많이 걸어야 약 20~25km 정도 그러니까 약 60~75km 지점에 '마라'가 있었을 것입니다.

성지순례 때, 수에즈 운하의 해저 터널을 통과하여 약 15km 정도를 남행하면 대추 야자나무가 무성한 오아시스 마을에 도착하는데, 이곳을 지금도 '아윤 무사'(Ayun musa, 이집트어로 '모세의 우물')라고 부르고 있습니다. 전통적으로 이 지역은 '아인 호와라'(Ayn Howara)로 불리는 지역입니다. 이곳에는 지금도 우물이 있으나 바다에서 멀지 않아 쓰고 짜서 마실 수 없습니다. 하나님의 큰 기적을 경험하고 하나님의 은혜로 살만하다고 느꼈는데 사흘 만에 지치고 목말라 병들어 누운 이들의 고백이 무엇이었습니까? 누군가 아주 멋진 표현을 썼습니다. '인생 도처 유 청산'(인생 도처에 푸른 산이 있구나!)이 아닌 '인생 도처 유 마라'(인생 도처에 고통이 있구나!)라.

마라의 고통

'마라의 고통'을 극복하기 위해 우리가 할 일은 무엇입니까? 힘들고 목말랐던 수르를 지나서 드디어 물을 발견합니다. 문제가 해결된 듯 보입니다. 그러나 그 물이 써서 마시지 못합니다. 이때 두 가지 반응이 나타납니다. 하나는 '원망'입니다. "애굽에는 물이 있었는데 우리를 불러내어 광야에서 목말라 죽게 하는구나."라고 이스라엘 백성은 원망합니다.

> 23마라에 이르렀더니 그 곳 물이 써서 마시지 못하겠으므로 그 이름을 마라라 하였더라 24백성이 모세에게 원망하여 이르되 우리가 무엇을 마실까 하매 출 15:23-24

또 하나의 반응은 기도입니다. 하나님께 부르짖는 것입니다. 원망하는 이스라엘 때문에 모세가 하나님께 부르짖으며 기도할 때 놀라운 일이 일어났습니다. 쓴 물이 단 물로 변한 것입니다.

> 모세가 여호와께 부르짖었더니 여호와께서 그에게 한 나무를 가리키시니 그가 물에 던지니 물이 달게 되었더라 거기서 여호와께서 그들을 위하여 법도와 율례를 정하시고 그들을 시험하실새 출 15:25

백성은 원망했고, 모세는 부르짖어 기도했습니다. 모세가 백성의 지도자가 될 수 있었던 것은 마라의 쓴 물 앞에서 기도했다는 것에 있습니다. 그 상황에서 모세 또한 하나님을 원망하고 싶었을 겁니다. 그러나 원망은 백해무익하고 상황을 변화시키지 못하며, 문제를 해결하지 못합니다. 그러나 기도는 상황을 변화시키며 문제를 해결합니다. 기도한다는 것은 단순히 앉아서 기도한다는 것을 의미하는 것이 아니라 기도해야 우리가 무엇을 해야 하는지 알게 됩니다.

'발 달린 기도!' 제가 좋아하는 표현입니다. 우리는 부르짖어 기도하는 것에 익숙합니다. 더 나아가 부르짖어 기도한 후 하나님의 음성을 들으십시오. 모세 또한 기도한 후 하나님의 음성을 들었습니다.

…여호와께서 그에게 한 나무를 가리키시니 그가 물에 던지니 물이 달게 되었더라 출 15:25

저는 종종 이런 말을 합니다.

"부르짖어 기도하고 난 후에 하나님께서 주시는 사인에 주목하십시오. 기도하고 난 후에 떠오르는 지혜, 기도하고 난 후에 만나게 하시는 사람, 기도하고 난 후에 읽은 말씀과 들은 설교에 민감하십시오! 기도하기 전까지 보이지 않던 것이 보이기 시작합니다. 지혜가 생깁니다."

하나님의 역사는 지식으로 만들어지는 것이 아니라 지혜로 주시는 복입니다. 저에게는 기도실에 갈 때 꼭 펜과 노트를 들고 가는 오랜 습관이 있습니다.

'발 달린 기도'는 기도하고 끝나는 것이 아니라 기도하고 난 후에 말씀대로 할 준비를 하는 것입니다. "행함이 없는 믿음은 죽은 믿음입니다. 행함이 없는 기도는 공허한 외침에 불과합니다."

점검2 - 계속 갈 수 있는가?

²⁵모세가 여호와께 부르짖었더니 여호와께서 그에게 한 나무를 가리키
시니 그가 물에 던지니 물이 달게 되었더라 거기서 여호와께서 그들을
위하여 법도와 율례를 정하시고 그들을 시험하실새 ²⁶이르시되 너희가
너희 하나님 나 여호와의 말을 들어 순종하고 내가 보기에 의를 행하며
내 계명에 귀를 기울이며 내 모든 규례를 지키면 내가 애굽 사람에게 내
린 모든 질병 중 하나도 너희에게 내리지 아니하리니 나는 너희를 치료
하는 여호와임이라 출 15:25-26

마라의 쓴물 앞에서 하나님은 이스라엘 백성에게 너희가 계속 이
길을 갈 수 있는지 묻고 점검하셨습니다. 마라의 쓴물을 만났을 때
도, 마라의 쓴물을 단물로 바꾸셨을 때도, 우리 주님께서 광야 길
을 가야 할 이스라엘에게 묻고 계신 것은 순종이었습니다. 하나님
의 율례와 규례를 듣고 따라오겠는지를 물으신 것입니다. 이스라엘
백성이 순종하지 않고 따라간다면 그들은 계속해서 불평할 것이기
때문입니다.

이스라엘이 풍족한 고센 땅을 떠나 하나님과 함께 광야로 따라

나온 이유가 무엇인가요? 물질적인 안락함보다는 하나님의 백성으로 살아가기 위해서입니다. 그런데 이들이 겨우 삼일 길을 가며 불평하고 옛 생활을 추억하게 되자 '출애굽의 목적'을 재확인하지 않을 수 없었습니다.

이스라엘 백성이 왜 마라의 쓴물 앞에서 원망하고 불평했을까요? 홍해의 기적을 봤는데 그들은 왜 그렇게 불평을 했을까요? 그 이유는 이스라엘 백성들이 삼일을 지내는 동안 그들이 원했던 일들이 일어나지 않았기 때문입니다. 하나님이 그들을 인도하여 내셨는데 그들은 원하는 것이 이루어지지 않은 것 때문에 늘 불평했습니다.

결국, 하나님의 인도하심에 순종할 준비가 되어있지 않았던 것입니다. 그들은 앞으로도 계속 자신들의 꿈과 원하는 일들이 이루어지지 않을 때마다 불평하게 될 것입니다. 그래서 하나님은 물으십니다. "너희가 순종하며 올 수 있겠느냐? 너희가 내 계명에 귀를 기울이며 올 수 있겠느냐?"

이들의 순종에 뒤따르는 것은 '시험'이었습니다. 이 시험을 통과해야 누릴 축복이 있습니다. 이 시험을 통과해야 그들에게 주어진 건강이 유익하게 쓰일 수 있습니다.

시험은 왜 주어집니까? 시험을 좋아하는 학생은 아무도 없지만 시험을 통과하지 않고는 앞으로 나아갈 수 없으므로 열심히 노력하는 것입니다.

하나님의 규례와 율법을 지킨다는 것이 어떻게 쉬울 수 있겠습니까? 그러나 하나님은 축복을 받을 수 있는 자를 만드시는 것이 더 중요하므로 이 시험의 시간을 거치게 하시는 겁니다. 이 시험을 통해 우리의 부족함을 발견하고 보완하게 됩니다. 또한, 시험을 통과하면서 주어지는 자신감은 또 다른 시험을 이기게 하는 원동력이 됩니다. 그런 면에서 '엘림'의 경험은 아주 중요합니다.

예비된 엘림

광야의 낮은 여전히 덥고 밤은 춥습니다. 물은 항상 부족하고 미래는 불투명합니다. 그때는 우리의 기도를 들으시고, 말씀을 주시는 주님을 믿고 인생의 광야를 믿음으로 계속 걸어야 합니다. 이미 그분이 함께하심을 징조로 보여주지 않았습니까? 홍해가 열리던 그 광경을 잊지 말아야 합니다. 마라의 쓴 물이 변하던 그 순간을 잊지 말아야 합니다. 이 모든 기적의 주인이 여전히 함께하신다면 그분을 믿고 약속의 땅을 향한 순례를 계속해야 합니다.

이스라엘 백성이 마라를 떠나 남방 약 10km에 왔을 때 도달한 곳이 '엘림'입니다. 마라에서 불과 10km 남방에 위치한 이곳은 전혀 그 백성이 예측할 수 없었던 다른 상황이었습니다.

그들이 엘림에 이르니 거기에 물 샘 열둘과 종려나무 일흔 그루가 있는

지라 거기서 그들이 그 물 곁에 장막을 치니라 출 15:27

이 정도면 사막의 광야에서는 환상의 오아시스라 할 만하지 않습니까? 사막에서는 물 샘 하나도 귀한데 물 샘이 무려 열두 개, 그늘을 만드는 한 그루의 종려나무도 귀한데 무려 일흔 그루의 나무, 이런 놀라운 오아시스가 불과 10km 지점에서 기다리고 있었습니다. 그런데 조금 전 마라에서 그들은 불평하고 원망했습니다. 왜입니까? 엘림이 보이지 않았기 때문입니다. 그러므로 우리가 기억할 것은 엘림이 보이지 않아도 엘림은 우리를 위해 예비되었다는 것입니다. 우리는 엘림의 존재 자체를 몰랐지만, 하나님은 미리 아시고 우리를 그곳으로 인도하셨습니다. 그러나 중요한 것은 엘림은 마라를 통과해야만 비로소 도달할 수 있다는 사실입니다. 그러므로 마라에 주저앉아 있다면 힘을 내십시오. 곧 우리는 엘림에 도달할 것입니다.

엘림은 마라와는 비교할 수 없는 오아시스입니다. 광야를 지나는 중에 마라도 있고, 엘림도 있을 것입니다. 하나님은 마라에서도 엘림에서도 여전히 함께 하실 것입니다.

마라의 쓴 물에서 이스라엘이 할 수 있는 일은 기도하는 것이었습니다. 엘림의 풍족함 역시 이스라엘의 노력으로 얻어진 것이 아닙니다. 많은 경우, 인생의 시련의 장에서 부르짖어 기도하고, 말씀에 순종을 결단해도 여전히 우리를 둘러싼 환경에는 크게 변화되지 않을 수 있습니다.

그러나 우리는 마라에서 우리의 신앙을 점검하고, 엘림에서 우리의 신앙을 확신하고 다시 광야의 길을 걷게 될 것입니다. 마라도 하나님의 계획 속의 하나이고, 엘림도 하나님의 예비하심 가운데 하나인 것을 믿기에 다시 광야에서 하나님과 동행하게 될 것입니다.

생각열기

✳ 나 자신의 순종과 기다림에 대한 숨겨진 생각을 알아보기 위한
것입니다. 아래의 물음에 솔직하게 답변해보십시오.

1. 내가 자주 불평하는 3가지를 적어보십시오.

1)_____
2)_____
3)_____

2. 내가 가장 원하는 3가지를 적어보십시오.

1)_____
2)_____
3)_____

배워보기

✳ 점검1 – 은혜가 떨어질 때

1. 은혜가 떨어질 때 나타나는 현상은

   1) 은혜를 알기 전 육신이 가장 편안하고 익숙했던 상태도 돌아갑니다.
   2) 행복한 감정이 오래 지속되지 않습니다.
   3) 비우는 과정을 통해 실제로 우리가 의지하는 것이 무엇인지 알 수 있습니다.

2. 홍해에서 승리를 맛보고, 승리의 노래를 부른 후 이스라엘 백성에게 나타난 현상은

   1) 수르 광야에서 사흘 동안 물을 얻지 못했습니다.

   모세가 홍해에서 이스라엘을 인도하매 그들이 나와서 수르 광야로 들어가서 거기서 사흘길을 걸었으나 물을 얻지 못하고 출 15:22

2) 마라에 이르렀으나 물이 써서 마시지 못했습니다.

> 마라에 이르렀더니 그 곳 물이 써서 마시지 못하겠으므로 그 이름을
> 마라라 하였더라 출 15:23

3) 마실 물이 없으므로 모세를 원망합니다.

> 백성이 모세에게 원망하여 이르되 우리가 무엇을 마실까 하매 출 15:24

✳ '마라'에서의 고통

힘들고 목말랐던 수르를 지나 마라에 이르러 물을 발견합니다. 그러나
그 물이 써서 마시지 못하자 이때 두 가지 반응이 나타납니다.

1._____
2._____

> 모세가 여호와께 부르짖었더니 여호와께서 그에게 한 나무를 가리키
> 시니 그가 물에 던지니 물이 달게 되었더라 출 15:25

백성은 원망했고, 모세는 부르짖어 기도했습니다. 원망은 백해무익하고

상황을 변화시키지 못하며 문제를 해결하지도 못합니다. 그러나 기도는 상황을 변화시키고, 문제를 해결합니다.

모세가 기도한 후 음성을 듣습니다. "여호와께서 그에게 한 나무를 가리키시니 그가 물에 던지니 물이 달게 되었더라"(출 15:25) 즉 마라의 쓴 물이 단물로 변하는 하나님의 역사를 또 한 번 보게 됩니다.

✳ 점검2 - 계속 갈 수 있겠는가?

마라의 쓴 물 앞에서 하나님은 이스라엘 백성에게 "너희가 계속 이 길을 갈 수 있느냐?"라고 묻고 점검하셨습니다. 이렇게 점검하신 이유는 하나님께서 광야 길을 가야 하는 이스라엘에게 원하는 것이 있었기 때문입니다. 바로 '순종'입니다.

만약 이스라엘 백성이 순종하지 않고 따라간다면 그들이 원하는 것이 이루어지지 않을 때마다 계속 불평할 것입니다. 그래서 그들을 위하여 법도와 율례를 정하시고 순종하도록 시험하셨습니다.

> 25모세가 여호와께 부르짖었더니 여호와께서 그에게 한 나무를 가리키시니 그가 물에 던지니 물이 달게 되었더라 거기서 여호와께서 그들을 위하여 법도와 율례를 정하시고 그들을 시험하실새 26이르시되 너희가 너희 하나님 나 여호와의 말을 들어 순종하고 내가 보기에 의를 행하며 내 계명에 귀를 기울이며 내 모든 규례를 지키면 내가 애굽 사람

에게 내린 모든 질병 중 하나도 너희에게 내리지 아니하리니 나는 너희를 치료하는 여호와임이라 출 15:25-26

✳ 예비된 엘림

이스라엘 백성이 마라를 떠나 남방 약 10km에 왔을 때 도달한 곳이 '엘림'입니다. 이곳에는 하나님의 예비하심으로 이스라엘 백성이 전혀 예측할 수 없었던 상황이 펼쳐졌는데, 물이 귀한 사막에 무려 열두 개의 물 샘과 일흔 그루의 나무 그늘이 그들을 기다리고 있었습니다.

그들이 엘림에 이르니 거기에 물 샘 열둘과 종려나무 일흔 그루가 있는지라 거기서 그들이 그 물 곁에 장막을 치니라 출 15:27

▍내 삶에 적용하기

1. 은혜가 떨어질 때 가장 먼저 나타나는 현상은 무엇입니까?

2. 수르 광야를 지나 마라에 이르러 물을 발견합니다. 그러나 그 물이 써서 마실 수 없었습니다. 처음에는 문제가 해결된 듯 보였으나 예상 밖의 결과가 나타납니다. 이러한 상황에서 우리는 무엇을 할 수 있습니까?

3. 마라의 쓴물을 만났을 때도, 마라의 쓴물을 단물로 바꾸셨을 때도, 하나님께서 광야 길을 가야 할 이스라엘에게 묻고 계신 것은 '순종'이었습니다. 이 순종이라는 시험의 결과는 무엇입니까?

4. 하나님이 내 삶에 예비해두신 최선의 것이 있음을 신뢰하십니까?

묵상&기도

홍해를 건너고 승리의 노래를 불렀던 이스라엘 백성이 수르 광야에 이르러 사흘 동안 물을 얻지 못합니다. 마라에 이르렀으나 그 곳 물이 써서 마실 수 없게 되자 모세를 원망합니다. 불평하는 이스라엘 백성과는 달리 모세가 여호와께 부르짖어 쓴물이 단물로 변하는 하나님의 역사를 경험합니다. 이에 하나님은 이스라엘 백성을 시험하여 하나님의 말씀에 순종할 수 있는지 물으십니다. 순종을 요구하신 하나님은 순종의 결과가 어떠한지 엘림에 이르러 명확하게 보여주십니다.

✳ 묵상 질문

지금 내게 쓴물과 같이 나를 힘들게 하는 문제는 무엇입니까? 그 문제로 인해 하나님 앞에 불평하지는 않았습니까?

내가 하나님께 순종하는 이유는 무엇입니까? 혹 엘림과 같은 순종의 결과를 바라고 있지는 않습니까?

소그룹 나눔

✴ 깊이 묵상하기

지침

1. 주님께 질문하십시오.

2. 믿음을 가지고 그분의 응답을 기다리십시오.

3. 하나님이 응답하시면, 그것이 당신의 삶에서 갖는 의미가 무엇인지 생각해 보십시오.

4. 주님의 생각에 당신의 선택과 행동을 일치시키겠다고 구체적으로 고백하십시오.

✴ 주님과 대화하기

지침

기도 제목을 나누십시오.

묵상 노트

¹이스라엘 자손이 애굽 땅을 떠난 지 삼 개월이 되던 날 그들이 시내 광야에 이르니라 ²그들이 르비딤을 떠나 시내 광야에 이르러 그 광야에 장막을 치되 이스라엘이 거기 산 앞에 장막을 치니라 ³모세가 하나님 앞에 올라가니 여호와께서 산에서 그를 불러 말씀하시되 너는 이같이 야곱의 집에 말하고 이스라엘 자손들에게 말하라 ⁴내가 애굽 사람에게 어떻게 행하였음과 내가 어떻게 독수리 날개로 너희를 업어 내게로 인도하였음을 너희가 보았느니라 ⁵세계가 다 내게 속하였나니 너희가 내 말을 잘 듣고 내 언약을 지키면 너희는 모든 민족 중에서 내 소유가 되겠고 ⁶너희가 내게 대하여 제사장 나라가 되며 거룩한 백성이 되리라 너는 이 말을 이스라엘 자손에게 전할지니라 。

출 19:1-6

05

하나님의 산에 올라가

시내 산에서

웰컴투 광야

암몬

지중해

Jericho
어리고 느보산

CANAAN
가나안

사해

Dead
Sea

람세스

EGYPT
Goshen
고센

숙곳

비돔

wilderness of Shur

가데스
바네아

Kadesh

이스라엘 백성이 건넌 홍해 지점(추정)

wilderness of Paran

마라

엘림

시내반도
wilderness of Sin

엘랏

이집트

Red
Sea

하세롯

기브롯핫다아와

르비딤

홍해

Mt. Sinai
시내산

미디안

이집트에서 약속의 땅 가나안까지(출애굽 경로)

르비딤에서 무슨 일이?

이스라엘 백성이 출애굽 하여 광야생활을 시작하게 되었습니다. 그런데 막상 광야에 이르고 보니 비록 노예의 신분이기는 했으나 애굽의 생활로 돌아가고 싶어 하는 사람들이 생기기 시작했습니다. 아마도 이스라엘 백성은 '좋은 시절은 다 끝났어!'라고 생각하지 않았을까요? 그들의 눈앞에는 광야가 펼쳐져 있습니다. 그런데 자유는 얻었으나 눈앞에 아무것도 보이지 않는 황량한 광야를 바라보면서 과연 무슨 생각을 했을까요?

이스라엘 백성은 애굽 땅을 떠난 지 삼 개월이 지나서야 시내 광야에 이르게 됩니다. 그런데 그들이 시내 광야에 이르기 전에 르비딤을 지나오게 됩니다.

> ¹이스라엘 자손이 애굽 땅을 떠난 지 삼 개월이 되던 날 그들이 시내 광야에 이르니라 ²그들이 르비딤을 떠나 시내 광야에 이르러 그 광야에 장막을 치되 이스라엘이 거기 산 앞에 장막을 치니라 출 19:1-2

왜 성경은 시내 광야에 이르는 과정 중에 르비딤을 언급했을까요? 출애굽기 17장 1절의 기록을 보면 이렇습니다.

> 이스라엘 자손의 온 회중이 여호와의 명령대로 신 광야에서 떠나 그 노정대로 행하여 르비딤에 장막을 쳤으나 백성이 마실 물이 없는지라 출 17:1

이스라엘 백성은 '여호와의 명령대로' 신 광야에서 르비딤으로 이동하여 장막을 쳤습니다. 그들이 홍해를 건널 때에도 하나님께서 여정을 인도하셨고 마라와 엘림에 이른 것도 하나님의 말씀에 따른 것이며, 지금 르비딤에 이른 것도 '여호와의 명령대로' 즉 여호와의 인도하심에 따른 것입니다.

그런데 여호와의 명령대로 따라간 그 여정이 고난의 연속이었습니다. 분명 하나님께서 그들을 부르셨는데, 그들이 가는 길 앞에 계속 고난이 기다리고 있었던 것입니다. 그러면 우리는 여기에서 무슨 생각을 해야 할까요? 하나님께서 이스라엘 백성에게 고난을 겪게 하셨다면, 그것은 그 나름의 의미 있는 고난이라는 것입니다. 다시 이야기하면, 이스라엘 백성이 출애굽 해서 광야를 지나 가나안 땅에 들어가기까지 그들을 훈련하기 원하셨던 하나님의 마음이 있다는 사실입니다.

우리 안에도 이런 마음이 있지 않나요? "하나님, 저는 하나님의 말씀대로 뜻대로 살아가려고 이렇게 발버둥치고, 하나님 앞에서 믿음의 여정을 가려고 하는데 무엇이 잘못되었나요? 제가 왜 이런 고통과 어려움을 겪어야 합니까?" 만약 우리가 하나님의 뜻대로 살아가는데 고난을 겪고 있다면, 그것은 나의 잘못 때문이 아닙니다. 그 고난의 여정 가운데 하나님께서 나를 훈련하고 계시는 것입니다. 이스라엘 백성이 '여호와의 명령대로' 르비딤에 이르렀을 때 하나의 사건이 벌어집니다.

거기서 백성이 목이 말라 물을 찾으매 그들이 모세에게 대하여 원망하여 이르되 당신이 어찌하여 우리를 애굽에서 인도해 내어서 우리와 우리 자녀와 우리 가축이 목말라 죽게 하느냐 출 17:3

그것은 바로 물이 없다는 이유로 모세를 원망하고 더 나아가 그들을 인도하신 하나님을 원망한 것입니다. 참 대단한 민족 아닙니까? 홍해 앞에서도 불평을 하더니, 홍해를 건너 마라의 쓴물 앞에서도 불평을 했습니다. 그리고 엘림의 기적을 체험하고 나서 이제 르비딤에 이르렀는데, 거기에 물이 없다고 또 원망하는 겁니다. 그런데 하나님은 원망하는 그들을 위하여 오히려 모세에게 나일 강을 치던 바로 그 지팡이를 들고 반석을 치라고 말씀하십니다. 반석을 치자 물이 나왔고, 목이 말라 불평하던 백성을 마시게 하셨습니다.

그런데 이 일을 명하시는 하나님의 말씀을 보면 출애굽기 17장 5절에 이렇게 기록하고 있습니다.

> 여호와께서 모세에게 이르시되 백성 앞을 지나서 이스라엘 장로들을 데리고 나일 강을 치던 네 지팡이를 손에 잡고 가라 출 17:5

이 명령을 통해 유추할 수 있는 것은, 하나님께서 장로들에 대하여 화가 나셨던 것 같습니다. 일반 백성이야 그렇다고 하지만 어떻게 장로들까지 하나님을 향하여, 모세를 향하여 불평할 수 있는지 말입니다. 믿음의 연조가 어릴 때는 우리가 불평할 수 있습니다. 그러나 이제 권사가 되고 장로가 되고 어느 정도 신앙이 쌓이면 다른 사람과는 좀 달라야 하지 않겠습니까?

일반 백성으로 살아가는 사람과 지도자로 살아가는 사람은 다릅니다. 모든 사람이 원망할 때 하나님 앞에서 기도할 수 있는 신앙인이 되어야 합니다. 원망은 우리의 문제를 해결할 수 있는 능력이 없습니다. 르비딤에서 반석을 쳐서 물이 나왔던 기적적인 사건은 이것을 가르쳐 주는 경고와 수치의 기적이었습니다.

저는 이 말씀을 묵상하면서 깨닫게 된 것이 기적에는 두 종류가 있다는 것입니다. 하나는 징징대서 나타나는 기적이 있고, 다른 하나는 믿음의 역사로 나타나는 기적입니다. 그럼 징징대며 경험하는 기적과 우리의 믿음으로 경험하는 기적이 어떻게 다를 수 있을까요?

그가 그 곳 이름을 맛사 또는 므리바라 불렀으니 이는 이스라엘 자손이 다투었음이요 또는 그들이 여호와를 시험하여 이르기를 여호와께서 우리 중에 계신가 안 계신가 하였음이더라 출 17:7

기적은 일어났는데, 그 기적에 수치와 경고가 담겨 있습니다. 그런데 이들의 불평 가운데도 하나님은 여전히 그들을 버리지 않으셨습니다. 오히려 그들이 돌이키기를 원하시고, 그들의 삶이 점검되기를 원하셨습니다. 그들을 향한 하나님의 사랑을 이곳에서 확증하기를 원하셨습니다. 그래서 마라의 쓴물과 엘림을 주셨던 것처럼, 하나님은 르비딤에서 또다시 기적을 보여주십니다.

그런데 이 기적의 사건 이후에 또 하나의 사건이 나옵니다.

그 때에 아말렉이 와서 이스라엘과 르비딤에서 싸우니라 출 17:8

르비딤의 기적을 체험하고 난 이후 시내 산에 이르기 전, 아말렉 족속이 쳐들어옵니다. 이 당시에 이스라엘은 출애굽 한지 얼마 되지 않아서 아직 전열을 정비하지 못한 상황이었습니다. 아말렉 족속과 싸워서 이길 수 없는 상태였습니다. 그런데 여기에서 아주 유명한 '여호와 닛시'(출 17:15)의 사건이 나옵니다. "여호와가 우리를 이기게 하셨다"는 고백을 하게 한 사건입니다.

전쟁을 하는데 모세가 두 손을 들고 있으면 전쟁에서 이기고, 손이 내려오면 지는 상황이 벌어집니다. 이것이 도대체 전쟁하고 무슨 상관이 있는 겁니까? 나가서 싸우는 것은 여호수아와 군대인데, 모세가 산꼭대기에 서서 손을 들고 내리는 것에 따라 전쟁의 결과가 엇갈립니다. 그래서 아론과 훌이 모세의 팔이 내려오지 않도록 옆에서 들어줍니다.

이것은 무엇을 의미합니까? 전쟁은 사람이 하는 것이 아니라 여호와께 속했다는 것입니다. 하나님께서 이스라엘 백성에게 분명히 보여주고 싶었던 것이 있습니다. 그것은 '너희가 어려움에 처했을 때 내가 너희의 소리를 들었고, 너희가 앞으로 이 광야를 지나는 동안 당할 모든 일 속에서 이기게 하는 것은 너희의 능력이 아니라 나의 능력이라는 것'을 분명히 가르치기를 원하셨습니다.

기준이 필요하다

이제 이스라엘 백성이 르비딤을 지나서 시내 산에 이르게 됩니다. 하나님께서는 이때 이스라엘 백성에게 원칙과 기준이 필요하다고 생각하신 것 같습니다. 좀 더 구체적으로 하나님의 백성이라면 따라야 할 규칙과 율례, 십계명을 이곳 시내 산에서 주십니다.

몇 년 전 페이스북에 '기준'이라는 글을 올린 적이 있는데 그 내용은 이렇습니다.

'기준'이라고 하면 여러분은 무엇이 생각나십니까? 저와 비슷한 연배의 분들이라면 이해하실 텐데, 우리 때는 월요일 아침마다 조회가 있었어요. 더운 날, 추운 날 상관없이 모든 학생을 운동장에 세워 놓고 조회를 했어요. 그때 몸이 약한 아이가 조회 중에 쓰러지면 선생님이 그 학생을 업고 들어갔던 기억이 납니다.

전교생이 운동장에 모이면 모두 줄을 서는데, 그때 선생님이 누군가를 지목하여 "너 기준!"이라고 하면, 그 학생이 "기준!"이라고 소리를 지릅니다. 선생님이 "우로 벌려, 좌로 벌려!"라고 말할 때 기준은 절대 움직이지 않고 기준을 제외한 모든 학생이 움직이기 시작합니다.

그 학창 시절을 떠올리면서 저는 '시내 산은 바로 이런 것이구나!' 하고 깨닫게 되었습니다. 하나님께서 이스라엘 백성에게 율법을 주시는데, 그 이유는 '내가 너희에게 기준을 좀 잡아주어야겠다'는 것입니다. 왜일까요? 기준이 없으니까 자꾸 흔들리고 원망하는 백성을 바라보면서, 기준을 만들어야겠다고 생각하셨던 겁니다.

우리에게 기준이 없으면 참 힘이 듭니다. 예를 들어 노사 간의 갈등은 어떻게 해결합니까? 정말 노측과 사측이 합의하면 합의점이 이루어집니까? 절대로 그런 일은 이루어지지 않습니다. 정치 정당들도 보면, 여당과 야당이 생각이 다르기 때문에 합의에 이르지 못합니다. 시어머니와 며느리도, 목사와 장로도 관점이 다르기 때문에 의견이 합쳐지는 것은 쉽지 않습니다. 담임목사와 부목사도 마찬가지로 관점이 다릅니다.

그래서 제가 깨닫게 된 것이 있습니다. 우리에게 하나님이 주신 기준이 필요하다는 것입니다. 우리의 생각을 서로 맞추기는 쉽지 않지만 하나님께서 세워 주신 기준에 우리의 생각을 맞추어 보라는 것입니다. 우리가 인생을 살아가는 동안 수없이 많은 환경의 변화를 경험하고, 다양한 사람을 만납니다. 우리가 어떻게 그 사람들의 마음을 맞추며 살아갈 수 있습니까? 매순간 어떻게 완벽하게 대처할 수 있겠습니까? 불가능합니다.

그래서 하나님은 광야를 지나는 이스라엘 백성에게 율법을 주시면서, "이것을 너희가 하나님의 사람으로서 지켜야 할 흔들리지 않는 기준으로 삼아라!"하고 말씀하신 겁니다.

그럼 이렇게 우리에게 주어진 기준이 부담입니까, 아니면 기쁨입

니까? 선생님이 "너 기준!"이라고 말씀하셔서 손을 올릴 때, 저에게
는 그런 마음이 있었습니다. '기준이 된다는 것은 참 가슴 뿌듯한
일이구나!'

누군가를 움직이게 하고 나로부터 시작하여 맞추게 한다는 것,
기준이라는 것은 이렇듯 우리의 마음과 생각을 바꾸게 합니다. 마
찬가지로 우리가 그리스도인의 삶을 그렇게 살아갈 때 우리 안에는
기쁨과 자부심이 생기고, 우리의 신앙생활은 달라집니다.

이스라엘 백성이 시내 광야에 이르는 동안 3개월이라는 시간이
지났고, 그동안 많은 고통을 겪었습니다. 그런데 앞으로 지내게 될
광야에서의 삶은 전과 비교할 수 없을 만큼 더 큰 어려움이 기다리
고 있습니다. 그래서 하나님은 이제 시내 산에서 속도가 아닌 방향
에 대한 문제를 점검하기 원하셨습니다. 그런 그들을 향하여 하나
님은 이렇게 말씀하십니다.

"내가 너희를 내 백성으로 삼았고, 내가 너희를 기준으로 삼는 이
순간부터 흔들리지 마라. 너희에게 어떤 어려움이 있을지 모르지
만, 너희가 가는 길이 틀리지 않아. 그 길을 붙잡고 있어!"

우리가 하나님의 사람으로 살아가면서 흔들리지 말아야 할 것은
시간의 문제가 아니라 방향의 문제입니다. 우리가 올바른 길, 진리
의 길을 가고 있다면, 그 길을 끝까지 가야만 합니다.

『성공하는 사람들의 7가지 습관』이라는 베스트셀러를 쓴 스티븐
코비의 『소중한 것을 먼저 하라』라는 책의 앞부분에는 결혼한 딸과

의 대화가 나옵니다.

출산 후 아이 뒤치다꺼리를 하느라 자기 일을 거의 하지 못하는 딸이 푸념을 했다. "아버지, 이 어린아이 하나를 키우느라고 내 할 일을 전혀 못하고 있어요. 하나님이 내게 주신 은사를 활용할 기회가 없어요. 이것이 일종의 시간 낭비는 아닌가요?" 그때 스티븐 코비가 이렇게 말했다. "시간관리 같은 것은 신경 쓰지 마라. 달력은 없애버려라. 그리고 지금 네가 네 인생에서 가장 중요한 아이를 돌보는 것을 감사하고, 즐기도록 하여라. 명심해라. 인생에서 중요한 것은 시간이 아니라 방향이다."

우리는 늘 시간이 부족하다고 생각합니다. 부족한 시간은 절대로 채워지지 않습니다. 이스라엘 백성은 광야를 지나면서 3개월을 보냈고, 또 앞으로도 광야를 지나야 합니다. 얼마나 더 가야 할 지 모르는 상황입니다. 그들은 이렇게 생각했을지 모릅니다.

"이거 시간 낭비가 아닙니까? 가나안 땅으로 바로 가면 될 것을 우리에게 왜 이렇게 시간 낭비를 하게 하십니까?"

그런데 이것이 시간 낭비가 아닌 이유는, 하나님께서 이스라엘 백성을 인도하셔서 그들을 훈련받게 하시기 때문입니다. 우리 삶에서 가장 중요한 것은 '방향'입니다. 우리가 하나님 안에서 진리의 길을 가는 것이 분명하면, 지금 우리가 있는 곳이 광야라도 하나님께서 인도하시는 대로 갈 수 있습니다.

하나님의 산에서

저는 하나님의 산에서 이런 생각이 들었습니다. '아직 이스라엘 백성이 가나안에 들어가기까지는 많은 시간이 남았다. 하나님은 이 광야에서 이스라엘 백성의 삶을 정렬하고 계시는구나!'

저는 군목으로 가기 전에 장교 훈련을 받았습니다. 그때 사격훈련을 받았는데, 사격장까지 가려면 왕복 12km를 구보로 다녀옵니다. 사격훈련은 사실 사격이 힘든 것이 아니라 사격하기까지가 참 힘이 듭니다. 그런데 제가 총을 굉장히 잘 쐈습니다. 훈련 받을 때 20발 중에 19발이 중앙에 딱 맞았습니다. 그래서 훈육관에게 "목사님은 사격에 천부적인 자질이 있는 것 같습니다. 병과를 군종을 할 것이 아니라 보병으로 바꾸면 좋겠습니다."라는 말을 들을 정도로 소질이 있었습니다.

제가 대학에 다니던 시절에는 모든 남학생이 1학년 때 '문무대'라는 곳에 가서 훈련을 받았습니다. 그리고 그곳에서 받는 훈련 중에 제일 군기가 센 훈련이 사격훈련이었습니다. 그곳에서 제가 9발을 쐈습니다. 분명 목표물을 향해서 정확하게 9발을 쐈는데, 확인했을 때는 목표물에 한 발도 맞지 않은 겁니다. 그때 옆에 있던 제 친구가 "이상하네. 나 아홉 발 쐈는데 왜 이렇게 많이 박혔지?"라는 말소리가 들렸습니다. '아, 내가 옆 친구 목표물에 열심히 쐈구나!' 그 순간 너무 창피해서 아무 소리도 안 하고 조용히 있었던 기억이 납니다.

'우리가 아무리 열심히 살지만, 내 열심이 소용없을 때가 있구나!' 하는 생각을 했습니다. 우리의 노력으로 무언가 이루어지는 것이 아니라, 오늘 우리가 가는 이 방향, 이 길이 나에게 정말 맞는 것인가를 생각해야 합니다. 그래서 하나님께서 이스라엘 백성에게 군기를 잡으시는 듯 보입니다. 하나님께서 이스라엘 백성이 홍해를 건너 마라와 엘림을 경험하게 하시고, 르비딤을 통과한 후 시내 산에 이르게 하신 것은, 이제 목표를 분명히 할 시간이 되었다고, 광야에서가 아니라 하나님의 산에서 진지하게 재정비하라는 의도가 아닐까요?

시내 산은 2,200m 정도 되는 산으로 3시간 정도 올라가야 하는데 처음부터 끝까지 돌산으로 되어 있어서 정말 올라가기 무척 힘든 산입니다. 시내 산 꼭대기에 보면 중세 시대에 세워진 모세 기념 교회가 있고, 조금 내려가면 수도원이 있습니다. 도대체 어떻게 저 돌산 위에 올라갔고, 저런 교회를 지을 수 있었을까 싶지만, 올라갈 수 있습니다.

우리가 인생의 광야를 지나면서 정말 어려운 순간이 있는데, 우리도 힘들지만 지나갈 수 있고 견딜 수 있습니다. 필요하다면 하나님이 우리를 부르신 그 산에 올라가서 우리의 삶을 점검하고 하나님과 마주 대하는 순간이 우리에게 있어야 합니다.

모세가 하나님 앞에 올라가니 여호와께서 산에서 그를 불러 말씀하시되 너는 이같이 야곱의 집에 말하고 이스라엘 자손들에게 말하라 출 19:3

하나님의 길을 가는 사람, 하나님의 뜻대로 사는 사람은 하나님의 부르심을 느끼고 거기에 순종합니다. 모세가 산에 올라갔을 때 하나님은 모세를 통해서 이스라엘 백성에게 "너희가 이것을 지키면 내가 너와 함께 할 것이다."라는 율법을 주시고 정체성을 분명히 하십니다. 우리가 인생의 광야에서 점검해야 하는 것은 우리의 정체성입니다. 우리가 힘들고 어려울 때, 내가 왜 이 광야에서 고난을 당해야 하는지 생각해봐야 합니다. 그때 원망이 아니라 하나님의 뜻을 깨닫는 순간 우리는 그리스도인의 삶을 살아가게 됩니다.

우리가 신앙생활 하면서 갈등을 겪는 것은 무엇 때문입니까? 하나님의 뜻과 내 뜻이 다르기 때문입니다. 우리가 하나님의 뜻대로 살지 못하는 이유는, 하나님을 믿는데 늘 내 뜻대로 살아가기 때문에 이 간격이 좁혀지지 않기 때문입니다. 어떻게 우리의 생각이 하나님의 생각과 같을 수 있겠습니까? 그래서 신앙은 우리의 생각을 하나님의 생각에 맞추어 가는 과정입니다.

하나님의 계획을 보다

시내 산에서 모세는 하나님의 계획을 바라보게 됩니다.

⁴내가 애굽 사람에게 어떻게 행하였음과 내가 어떻게 독수리 날개로 너

희를 업어 내게로 인도하였음을 너희가 보았느니라 ⁵세계가 다 내게 속
하였나니 너희가 내 말을 잘 듣고 내 언약을 지키면 너희는 모든 민족
중에서 내 소유가 되겠고 ⁶너희가 내게 대하여 제사장 나라가 되며 거룩
한 백성이 되리라 너는 이 말을 이스라엘 자손에게 전할지니라 출 19:4-6

하나님께서 이스라엘 백성에게 말씀하시는 것은, "내가 어떻게 독
수리 날개로 너를 내게로 인도하였는지를 보라. 나는 너희를 포기
하지 않았다. 이 어려운 시간을 지나가는 동안 내가 너희를 보호하
지 않았느냐!" 그리고 하나님께서 이 시내 산에서 율법을 주시면서
하시는 말씀이 뭔가요? "내가 너희를 부른 것은 내 언약백성이 되
게 하고 너희로 하여금 제사장 나라가 되게 하려고 부른 것이다. 너
희가 이것을 전해야 한다."

하나님이 우리를 부르셔서 고난을 통과하게 하시지만 우리가 그
부르신 이유를 분명히 알 때 흔들리지 않습니다.

불법이 성하므로 많은 사람의 사랑이 식어지리라 마 24:12

말세에는 불법이 성하므로 많은 사람의 사랑이 식어진다고 예수
님께서 말씀하셨습니다. 이 말씀을 좀 바꾸어서 생각해 보면 사랑
이 식었기 때문에 이 세상에 많은 불법이 성행한다는 말로 볼 수 있
습니다.

사랑이 식어지면 참 힘이 듭니다. 신혼부부가 결혼했는데, 남편이 아내에게 밥을 해주는 것이 처음에는 기쁨이었다가 사랑이 식으면 그 기쁨도 사라집니다. 우리가 뭔가 착각하는 것이 있습니다. 부부 간에 오래 살다보면 관계가 틀어집니다. 그러면서 좋은 때를 생각하면서 서로에게 이렇게 요구합니다. "나에게 잘 했던 그때를 생각하고 예전처럼 해봐." 그런데 예전처럼 하려고 하면 점점 더 힘들어집니다. 그리고 결국은 헤어집니다. 그 이유는 예전에 가졌던 감정이 회복되지 않으면 그 행위 자체가 고역이기 때문입니다.

하나님께서 이스라엘 백성에게 하고 싶은 말씀이 무엇이었을까요? 지금 이들에게 회복되어야 할 것이 무엇일까요? 그들에게 정말 필요한 것은 율법의 행위가 아니라 하나님께서 정말 그들을 사랑하시고 간절히 부르신 목적이 있다는 것을 아는 것입니다. 그런데 이것을 알지 못하면 율법은 고역이 되고 맙니다. 우리가 하나님을 믿으면서 언제부턴가 찾아온 매너리즘이나 하나님을 믿는 것이 부담이 되기 시작한다면, 이전에 우리가 했던 행동을 회복하기보다는 그때 그 마음을 먼저 회복해야 합니다. '내가 옛날처럼 열심을 내야지. 예배 잘 참석해야지. 봉사해야지'하면 할수록 더 힘들어집니다. 중요한 건 처음의 마음을 회복하는 겁니다.

시내 산에서 맺어진 언약은 무거운 율법의 짐이 아니라 '사랑의 언약'이었습니다. 그래서 주님은 요한복음 14장 23절에서 이렇게 말씀하셨습니다.

… 나를 사랑하면 내 말을 지키리니 내 아버지께서 그를 사랑하실 것이
요 우리가 그에게 가서 거처를 그와 함께 하리라 요 14:23

"사람이 나를 사랑하면 내 말을 지키리니" 이것은 의무가 아닙니
다. 사랑하면 이것은 아주 자연스러운 일입니다. 우리가 주님을 사
랑하게 되면 순종할 수 있습니다.

사도 요한도 요한일서 5장 2-3절에서 이렇게 말했습니다.

2우리가 하나님을 사랑하고 그의 계명들을 지킬 때에 이로써 우리가 하
나님의 자녀를 사랑하는 줄을 아느니라 3하나님을 사랑하는 것은 이것
이니 우리가 그의 계명들을 지키는 것이라 그의 계명들은 무거운 것이
아니로다 요일 5:2-3

그렇습니다. 사랑하게 되면 계명은 무거운 것이 아닙니다. 계명에
순종하는 것은 다음 문제입니다. 진짜 문제는 하나님을 사랑하는
것입니다.

우리는 이 시내 산에서 회복하고 생각해야 할 것이 있습니다.

첫째, 나에게 주어진 정체성, 하나님이 나를 부르신 그 부르심이
나에게 부담인지, 사랑인지에 답하는 것입니다.

둘째, 우리가 하나님을 믿으며 예배드릴 때 특별히 주시는 마음을
기억하는 것입니다. 예배는 우리를 향한 하나님의 마음과 사랑을

느끼는 시간입니다. 저는 예배를 드리면서 흘리는 눈물만큼 성도들에게 큰 축복이 없다고 생각합니다. 눈물을 흘릴 수 있다는 것은, 우리의 감정이 살아 있다는 것입니다.

셋째, 우리의 기도가 회복되는 것입니다. 우리가 하나님을 처음 믿을 때 가졌던 감격스러운 마음, 우리를 부르실 때 그 부르심 앞에 흘렸던 눈물, 하나님 앞에 뜨겁게 기도했던 그 모습이 우리에게 회복되어야 합니다. 하나님이 우리를 부르신 것은 부담을 주기 위한 것이 아니라, 우리가 하나님의 소유가 되어서 복의 근원이 되도록 부르셨기 때문입니다.

창세기 12장 1-3절 말씀을 보면, 하나님께서 아브라함을 부르실 때 "너는 복의 근원이 될지라!"라고 복이 되기를 선포하셨습니다. 그로 말미암아 모든 이가 복을 받게 될 것입니다. 그를 축복하는 자는 복을 받고, 그를 저주하는 자는 저주를 받게 될 것입니다. 그의 집에 들고 나는 이들이 복을 받게 될 것입니다. 얼마나 위대한 축복입니까? 하나님의 소유된 백성이 된다는 것은, 이제 성도들이 자신만을 위해 사는 삶이 아니라 자신 때문에 누군가 축복을 받는 삶을 살아야 한다는 의미입니다.

나의 도움과 손길이 필요한 사람을 볼 때, 우리는 마음에 부담을 느낍니다. 그런데 그 부담이 부담으로 끝나면 정말 부담인데, 부담이 우리에게 사명이 되고, 우리를 통해서 축복이 흘러넘치는 것, 그것이 참 축복입니다.

어떤 분이 저에게 그런 이야기를 했습니다. "저는 꼭 목사님하고 붙어 다녀야겠어요. 목사님하고 다니면 좋은 일이 많이 생겨요." 제가 받을 수 있는 최고의 찬사입니다. 만일 누군가가 "목사님과 함께 있으면 일이 안 됩니다. 가능한 피해 다니고 싶습니다."라고 하면 제가 이곳에 있어야 할 이유가 없겠지요?

저는 하나님 앞에 이런 기도를 합니다. "하나님, 제가 만나교회에 있는 것이 우리 교인들에게 축복이 아니고, 제가 말씀을 전하는 것이 기쁨이 아니면, 제가 여기에서 내려와야 하지 않겠습니까? 제 사명이 끝난 것 아닙니까?"

혹시 마음속에 이런 부담이 있습니까?

내 남편이, 아내가 나 없으면 못 산다고 하고, 매일 이것저것 챙겨 달라고 나만 찾는다면, 애들이 매일 '엄마, 엄마!'하면서 찾는다면, 축복입니다. 남편과 자식이 나를 필요로 하면 이미 복을 받은 사람입니다. 내 생애 최고의 축복이 무엇일까요? 누군가에게 필요한 사람이 되는 것, 나누어 줄 수 있는 사람인 것입니다. 그것이 얼마나 우리에게 큰 축복입니까?

하나님께서 이스라엘 백성을 부르셔서 그들을 거룩한 백성으로 삼으셨습니다. 거룩한 백성은 이제 서두를 이유가 없습니다. 주어진 길을 갈 뿐입니다. 우리를 부르신 그 길에서 우리가 처한 그 상황에서 하나님을 예배합니다. 왜 그렇습니까? 그 자리가 하나님께서 나를 부르신 자리이기 때문입니다.

모세가 십계명을 받고 내려왔을 때 40일을 견디지 못하고 이스라엘 백성이 우상을 만들고 거기에 절합니다. 그래서 두 돌 판이 깨지고 맙니다. 인내하지 못하면 약속이 깨집니다. 하나님의 사람들에게 진리와 비 진리의 차이가 무엇입니까? 진리는 끝까지 하나님의 길을 찾아가는 것이고, 비 진리는 우리의 욕망을 채우기 위해서 진리를 버리는 것입니다.

지금 우리는 하나님 앞에 부르심을 받은 믿음의 사람들로 서 있습니다. 우리가 인생의 광야를 지나는 힘든 생활 가운데 있을 때 우리의 정체성을 찾아야 합니다. 시내 산에서 하나님 앞에 서야 합니다. 우리가 가야 할 길이 무엇인지를 점검해야 합니다. 우리가 하나님과 함께 그 길을 가는 동안, 진리의 길을 가는 동안, 그 길이 아무리 힘들어도 하나님은 우리를 지켜주실 것입니다.

생각열기

✳ 아래의 질문에 답해보십시오.

내가 하루를 살아가면서 우선순위로 삼고 있는 것이 무엇인지 순서대로 다섯 가지를 적어보십시오.

1) _____

2) _____

3) _____

4) _____

5) _____

어떤 '기준'으로 위의 다섯 가지를 정했는지 적어보십시오.

_____

_____

배워보기

✳ 르비딤에서 무슨 일이?

1. 이스라엘 백성은 ＿＿＿＿＿＿＿신 광야에서 르비딤으로 이동하여
   장막을 쳤습니다.

   이스라엘 자손의 온 회중이 여호와의 명령대로 신 광야에서 떠나 그
   노정대로 행하여 르비딤에 장막을 쳤으나 백성이 마실 물이 없는지라
   출 17:1

2. 이스라엘 백성이 ＿＿＿＿＿＿＿＿＿＿＿＿＿＿

   거기서 백성이 목이 말라 물을 찾으매 그들이 모세에게 대하여 원망하
   여 이르되 당신이 어찌하여 우리를 애굽에서 인도해 내어서 우리와 우
   리 자녀와 우리 가축이 목말라 죽게 하느냐 출 17:3

3. 하나님은 원망하는 이스라엘 백성을 위하여 ＿＿＿＿＿＿＿＿＿
   ＿＿＿＿＿＿＿＿＿＿＿＿＿＿＿

   내가 호렙 산에 있는 그 반석 위 거기서 네 앞에 서리니 너는 그 반석
   을 치라 그것에서 물이 나오리니 백성이 마시리라 모세가 이스라엘 장
   로들의 목전에서 그대로 행하니라 출 17:6

4. 이 기적은 _____가 담겨 있습니다.

그가 그 곳 이름을 맛사 또는 므리바라 불렀으니 이는 이스라엘 자손
이 다투었음이요 또는 그들이 여호와를 시험하여 이르기를 여호와께
서 우리 중에 계신가 안 계신가 하였음이더라 출 17:7

이스라엘 백성이 출애굽 하여 홍해를 건너서 마라와 엘림을 거쳐 르
비딤까지 온 것은 하나님의 인도하심을 따라 가는 여정이었습니다.
그럼에도 그 과정은 고난의 연속이었습니다.
우리는 내가 하나님이 부르신 길을 갈 때, 그 길은 평안하고 안정된
길이어야 한다고 생각합니다. 그런데 내가 하나님의 뜻 가운데 있는
데도 고난을 겪고 있다면, 그것은 고난의 여정을 통해 하나님께서 훈
련하시는 것입니다.

✳ 기준이 필요하다

1. 기준 : 하나님의 백성이라면 따라야 할 규칙과 율례, 십계명

2. 이스라엘 백성에게 기준이 필요한 이유

• 하나님께서 주신 기준을 통해서 (서로의 생각을 맞추도록) 하기 위해

생각과 관점이 다른 사람들은 자신의 관점으로 바라보는 일에 대해서는 합의점에 이를 수 없습니다. 그렇다면 어떻게 해야 생각을 맞출 수 있을까요? 바로 하나님께서 우리에게 주신 '기준'으로 가능합니다. 우리의 생각을 서로 맞추기는 쉽지 않지만, 하나님께서 세워주신 '기준'에 우리의 생각을 맞출 수 있습니다.

• 이스라엘 백성을 기준으로 삼으셔서 (세상을 향한 기준으로) 살아가도록

하나님은 이스라엘 백성을 하나님의 백성으로 삼으시고 기준으로 삼으셨습니다. 하나님을 모르는 세상을 향하여 본이 되기를 원하셨습니다. 그래서 하나님은 이스라엘 백성이 시내 산에서 속도가 아닌 방향의 문제를 점검하기 원하셨습니다. 세상 속에서 하나님께서 정하신 기준이 되기 위해서, 하나님을 향한 방향성을 갖기 원하셨습니다.

✳ 하나님의 산에서

1. 하나님은 시내 산에서 이스라엘 백성이 _____을 깨닫기 원하셨습니다.

이스라엘 백성이 광야에 있는 중에 점검하고 확인해야 할 정체성은 하나님의 말씀을 듣고 언약을 지키는 것입니다.

> 세계가 다 내게 속하였나니 너희가 내 말을 잘 듣고 내 언약을 지키면
> 너희는 모든 민족 중에서 내 소유가 되겠고 출 19:5

2. _____는 정체성을 점검하기 위한 최적의 장소입니다.

인생의 광야에서 점검해야 하는 것은 우리의 정체성입니다. 힘들고 어려울 때, 내가 왜 이 광야에서 고난을 겪는지 생각해야 합니다. 그때 우리는 원망이 아니라 오히려 하나님께서 왜 나를 이곳에 두셔서 나로 하여금 고난을 당하게 하시는지 깨닫게 됩니다. 우리가 신앙생활하면서 갈등하는 이유는, 하나님을 믿으면서도 내 뜻대로 살아가기 때문입니다.

✳ 하나님의 계획을 보다!

시내 산에서 모세는 하나님의 계획을 바라보게 됩니다. 그것은 하나님께서 택하신 이스라엘 백성이 '거룩한 백성'이 되고, '제사장 나라'가 되는 것입니다.

> 너희가 내게 대하여 제사장 나라가 되며 거룩한 백성이 되리라 너는
> 이 말을 이스라엘 자손에게 전할지니라 출 19:6

'제사장 나라'는 '축복의 통로'를 의미합니다. 우리가 받은 복은 오히려 우리에게 사명이 되어야 하고, 우리를 통해서 이 축복이 흘러넘쳐야 합니다. 이제 성도는 자신만을 위해 사는 것이 아니라, 나 때문에 누군가가 축복을 받는 삶을 살아야 합니다. 그것이 '제사장 나라'로 선택받은 이유입니다.

내 삶에 적용하기

1. 나는 지금 고난 중에 있습니까? 그렇다면, 하나님은 그곳에서 내가 무엇을 훈련받기 원실까요?

2. 하나님의 말씀이 내 모든 삶의 기준이 되고 있습니까?

3. 내가 인생의 광야에서 점검해야 하는 것은 나의 정체성입니다. 그리스도인으로 살아가면서, 혹은 믿는 사람으로서의 정체성을 바르게 인식하면서 살아가고 있습니까?

묵상&기도

시내 산에서 하나님과 이스라엘 백성 사이에 특별한 사건이 있었습니다. 그것은 하나님이 이스라엘 백성에게 율법을 허락하셔서 모든 삶의 기준으로 삼기를 원하시고, 그 기준에 따라서 하나님의 백성 된 정체성을 가지고 살아가도록 하신 것입니다. 우리 또한 이러한 정체성을 가지고 살아갈 때 제사장 나라의 역할을 감당할 수 있습니다.

✳ 묵상 질문

내가 오늘 만난 문제가 무엇입니까? 그 문제를 어떻게 하나님의 뜻을 기준으로 해석하고 결단할 수 있을지 생각해 봅시다.

그리스도인에게는 '제사장 나라'의 사명이 동시에 주어집니다. 내가 있는 자리에서 어떻게 구체적으로 세상에 영향력을 미치고 섬기면서 살아갈 수 있을지 생각해 봅시다.

❋ 깊이 묵상하기

지침

1. 주님께 질문하십시오.

2. 믿음을 가지고 그분의 응답을 기다리십시오.

3. 하나님이 응답하시면, 그것이 당신의 삶에서 갖는 의미가 무엇인지 생각해 보십시오.

4. 주님의 생각에 당신의 선택과 행동을 일치시키겠다고 구체적으로 고백하십시오.

❋ 주님과 대화하기

지침

기도 제목을 나누십시오.

³¹바람이 여호와에게서 나와 바다에서부터 메추라기를 몰아 진영 곁 이쪽 저쪽 곧 진영 사방으로 각기 하룻길 되는 지면 위 두 규빗쯤에 내리게 한지라 ³²백성이 일어나 그 날 종일 종야와 그 이튿날 종일토록 메추라기를 모으니 적게 모은 자도 열 호멜이라 그들이 자기들을 위하여 진영 사면에 펴 두었더라 ³³고기가 아직 이 사이에 있어 씹히기 전에 여호와께서 백성에게 대하여 진노하사 심히 큰 재앙으로 치셨으므로 ³⁴그 곳 이름을 기브롯 핫다아와라 불렀으니 욕심을 낸 백성을 거기 장사함이었더라

민 11:31-34

06

낯선 곳에서!

기브롯 핫다아와,
하세롯,
가데스 바네아에서

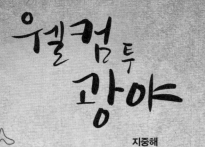

웰컴투
광야

암몬

지중해

Jericho
여리고
CANAAN
가나안
Dead
Sea
사해
드보자

람세스
EGYPT
Goshen
고센

wilderness of Shur

가데스
바네아
Kadesh

숙곳
비돔

이스라엘 백성이 건넌 홍해 지점(추정)

wilderness of Paran

마라
엘림

시내반도
wilderness of Sin

엘랏

이집트
Red
Sea

홍해

르비딤

하세롯
기브롯핫다아와

Mt. Sinai
시내산

미디안

이집트에서 약속의 땅 가나안까지(출애굽 경로)

우리 인생에서 중요한 터닝 포인트는 전혀 예상하지 못했던 낯선 곳에서 일어납니다. 이번에 우리가 여행갈 곳은 기브롯 핫다아와, 하세롯, 가데스 바네아로 우리에게는 익숙하지 않지만 성경에서는 중요한 지역입니다.

'긍정적 사고'라는 주제로 유명한 여러 저서를 쓰신 노먼 빈센트 필(Norman Vincent Peale) 목사님이 첫 목회를 할 때 후두염에 걸려 말도 제대로 못해서 병원에 갔습니다. 의사 선생님이 "목사님은 걱정이 많으시군요."라고 말하자, "예, 걱정이 많습니다."라고 대답했습니다.

"무슨 걱정이 그리 많으십니까?"라고 묻자, "설교에 대한 걱정이지요. 주일 설교, 주중 설교, 이런 설교, 저런 설교⋯. 설교에 대한 고민이 참 많습니다." 그러자 의사 선생님이 "목사님, 설교 준비하는 일에 집중하지 말고 하나님께 집중하십시오."라고 말했다고 합니다. 그리고 이 한 마디가 노먼 빈센트 필 목사님의 인생을 바꾸어 놓는 중요한 역할을 했습니다.

아마도 목회자라면 누구나 설교에 대한 고민이 참 많을 것입니다. 그러나 설교에 대한 고민보다 오히려 더 중요한 것이 있다면, 하나님을 향해 우리의 관심을 집중하는 것이 아닐까요?

혹시 우리 가운데 새로운 곳 또는 뜻하지 않은 곳에서 많은 고민을 가진 분들이 있을지 모릅니다. 이런 분에게 하나님께서 이런 음성을 주시지 않을까요?

"네 고민에 집중하지 말고, 너의 하나님께 집중하라!"

왜 이런 일이?

이스라엘 백성은 이름도 생소하고 낯선 곳인 기브롯 핫다아와와 하세롯, 가데스 바네아에서 어려움을 만나게 됩니다. 낯선 곳에서 어려움을 겪는다는 것은 어떤 의미일까요? 다른 의지할 것이 없는 환경 가운데 있다는 것이고, 결국 이들이 무엇을 보고 무엇을 의지하느냐가 적나라하게 드러나게 된다는 것입니다.

민수기 10장 33절을 보면, "그들이 여호와의 산에서 떠나 삼 일

길을 갈 때에"라고 기록하고 있습니다. 기브롯 핫다아와는 시내 산 동북 55km 지점에 있는데, 시내 산으로부터 약 사흘 길인 셈입니다. 바로 이곳에서 이스라엘 백성은 다시 하나님을 원망하고 불평하기 시작합니다.

우리에게 이런 의문이 생깁니다.

'왜 시내 산에서 내려온 지 삼 일밖에 지나지 않았는데, 이스라엘 백성은 또 다시 불평하는 것일까? 어떻게 하나님을 뵌 지 삼 일 만에 불평할 수 있을까?'

그것은 광야와 시내 산에서 많은 기적과 하나님의 손길을 경험했음에도 광야 길을 걷는데 너무 집중하고 바빴기 때문에 힘들고 지쳐서 하나님을 기억할 시간이 없었던 것 같습니다. 은혜를 받았는데, 은혜를 생각할 시간이 없는 것이지요.

소가 풀을 먹고 되새김질 하는 것을 묵상이라고 합니다. 하나님의 은혜를 상기할 시간이 없고 놀라운 기적과 말씀을 묵상하지 않을 때 이들은 또 다시 불평합니다.

예배가 무엇입니까? 구약의 제사는 하나님이 우리에게 베풀어 주신 은혜를 갱신하여 믿음으로 살게 하는 것이었습니다. 하지만 광야 길을 걷는데 분주하여 하나님께 예배하지 않았을 때, 이스라엘 백성은 하나님이 허락하신 은혜를 잊어버리고 그들의 마음에 불평만 남습니다.

인생을 살면서 잊어도 되는 것과 절대 잊지 말아야 할 것이 있습니다. 우리에게 예배는 어느 범주에 속할까요? 예배는 결코 잊을 수 없는 것, 잊지 말아야 하는 것입니다. 매주일 예배를 통해서 하나님의 은혜를 기억하고 일주일 동안 세상에서 승리해야 합니다. 예배드리지 않는 사람들이 왜 그리도 쉽게 주님과 멀어지고 타락할까요? 그들이 하나님의 은혜를 받지 못했기 때문이 아니라 받은 은혜를 기억하지 못하기 때문입니다.

만나교회는 매월 첫 날, 새벽 5시 30분에 모여서 말씀을 듣고 기도하는 초하루 기도회가 있습니다. 한 달을 시작하면서 새벽에 나와 기도하고 성만찬을 나누고 강단에 나와 무릎 꿇고 안수 기도 받은 사람들의 삶과 그렇지 않은 사람들의 삶이 어떻게 같을 수 있겠습니까?

우리가 하나님 앞에 범죄하고 불평함으로 하나님이 허락하신 은혜를 잊어버리는 이유는 하나님의 약속이 갱신되지 않았기 때문입니다. 만남과 관계는 늘 확인되어야 하는데, 당장 눈앞에 어려움을 보면 기억해야 할 것을 잊어버리는 것이 문제입니다.

우리가 부르는 찬양 중에 '에벤에셀 하나님'이라는 곡이 있습니다. 가사 중에서 '살아계신 하나님, 에벤에셀 하나님'이라는 부분이 있습니다. 에벤에셀 하나님, 곧 지금까지 인도하신 하나님이라는 말입니다. 지금까지 우리의 삶을 인도하신 에벤에셀 하나님께서, 지금 임마누엘 하나님으로 함께하시며, 앞으로도 우리의 삶 가운데 여호와 이레의 축복을 허락하십니다. 그래서 과거 하나님의 은혜를 기억함으로, 현재 우리 가운데 계신 하나님을 경험하게 되고, 미래에 우리에게 허락하실 하나님의 복을 기대할 수 있습니다. 이것이 신앙입니다.

불평의 이유를 찾아라

하지만 이스라엘 백성은 광야를 지나면서 과거 하나님께서 허락하신 은혜를 잊어버리고 현재는 불평하고, 미래의 소망도 잃어버리게 되었습니다. 대부분 병이 들면 '식욕부진'이 옵니다. 그래서 아픈 사람에게 맛난 것, 기름진 것을 가져다주면 종종 또 다른 병에 걸리게 되는데 바로 '소화불량'입니다. 기브롯 핫다아와에서 일어난 사건도 별반 다르지 않습니다.

출애굽기 16장 31절에 이스라엘 백성이 처음 만나를 보았을 때, 그 맛을 '꿀 섞은 과자' 같다고 했습니다. 그들이 너무나 놀라워 '만후'(히브리말로 "이것이 무엇이냐?" 라는 뜻)라고 외치던 것이 '만나'로 변한 것이죠. 그리고 32절에는 후손을 위해 이 만나를 잘 간수하라고 명령하십니다. 만나를 보면서 이스라엘 백성을 애굽 땅에서 광야로 인도하셨던 하나님의 은혜를 기억하라는 것이지요. 하지만 얼마 지나지 않아서 이스라엘 백성에게 만나는 더 이상 맛난 음식, 하나님의 은혜로 인한 감사의 음식이 아니었습니다.

그들 중에 섞여 사는 다른 인종들이 탐욕을 품으매… 민 11:4

우리에게 불평이 생기고, 더 이상 감사하지 않을 때 우리에게는 탐욕만이 남습니다. 매일 허락되는 만나가 복이었는데, 더 이상 감사로 느껴지지 않으니 탐욕만 남게 된 것입니다. 그 탐욕으로 고기를 먹고 싶다고 말합니다. 그래서 이후에 메추라기를 허락해 주셨음에도 이스라엘 백성은 더 이상 감격하지 않습니다. 영적인 '식욕부진'으로 병든 이스라엘 백성이 이제는 '소화불량'까지 걸린 것입니다. 치유되지 않은 상태에서의 탐욕이 얼마나 무서운지를 보여주는 사건입니다.

제가 섬기는 만나교회는 한국에서 급성장한 대표적인 교회 중 하나입니다. 하나님의 은혜로 성도가 늘고 건강하게 교회가 세워짐에도 제 안에는 만족함이 없었습니다. 더 큰 목표를 세우고 그것을 이루어야 한다는 마음이 컸기 때문입니다. 물론 저는 하나님의 일을 하고 있었고 나쁜 일에 열심을 낸 것은 아닙니다. 그런데도 가장 중요한 것, 하나님의 은혜를 묵상함으로 되돌아보지 않았기에 감사를 잃어버렸던 것입니다.

목사로서 하나님 앞에 잘 섰으면 좋겠다는 소망이 있습니다. 하지만 동시에 제 속에 탐욕이 있음을 부인할 수 없습니다. 제가 한동안 아플 때, '왜 내가 이렇게 아플까?' 하는 물음을 가졌습니다. 저 자신을 돌아보니 언제부터인가 만족을 잃어버린 채 탐욕스러운 모습의 저를 발견할 수 있었습니다. 아프지 않았더라면 모르고 지나 갔을 일인데, 아팠기 때문에 스스로를 돌아보고 주님의 은혜를 되찾게 된 것입니다.

탐욕은 불만족에서 시작합니다. 인생을 살다 보면 왜 불만이 없 겠습니까? 어떻게 자신의 삶에 모든 것을 만족하며 살겠습니까? 신앙은 불만족스런 상황 가운데서 하나님의 은혜를 가지고 만족하며 사는 것입니다. 어떤 사람은 불평과 불만으로 살아가지만, 어떤 사람은 감사와 은혜로 살아가고자 노력합니다. 나쁜 일은 노력하지 않아도 쉽게 습관이 되는데 불평과 불만이 그렇습니다. 하지만 좋은 일은 노력해야 습관이 됩니다. 하나님의 은혜를 찾으려는 노력을 할 때 우리 삶의 감사가 습관적으로 넘치게 됩니다.

그리고 또 한 가지, 하나님이 허락하신 은혜를 기억하고자 노력해야 합니다. 이스라엘 백성이 광야에서 만나를 허락해 주신 하나님, 마라의 쓴 물을 단 물로 변화시키신 하나님을 잊어버리지만 않았더라도 이런 불평으로 하나님께 나아가지 않았을 것입니다.

남의 과오를 자주 탓하는 사람이 있었습니다. 그를 지켜보던 친구가 이렇게 말했다고 합니다.

"자네가 한 말을 불평 노트에 자세히 적을 테니 사인은 자네가 하게."

"아니, 뭐… 그렇게까지 기록에 남길만한 건 아니야."

"사람들은 불평하기는 좋아하지만, 그 말에 대한 책임은 지지 못 하거든."

이 사람은 친구의 말에 얼굴을 붉혔습니다. 그 이후에 긴 세월 동안 노트에는 단 한 줄의 기록도 없었다고 합니다. 대신 불평 노트 앞장에는 이렇게 쓰여 있었습니다.

'나는 종종 말한 것을 후회한 적이 있다. 하지만 침묵을 지켰던 것을 뉘우쳐 본 적은 결코 없다.'

이처럼 우리가 하나님 앞에서 불평하는 것은 결코 우리 삶에 도움이 되지 않습니다. 믿음의 원리는 어떤 상황이나 환경에서도 부정적인 생각과 불평을 내려놓고 하나님의 은혜를 기억하며 앞으로 허락하실 일들을 기대하는 것입니다. 이것이 바로 이스라엘 백성에게 광야 생활 중에 허락하신 하나님의 기적과 같은 일입니다.

다시 은혜로 채우는 노력이 필요하다

이스라엘 백성이 광야를 지나가는 동안, 하나님이 동행하셨습니다. 그런데 이스라엘 백성 모두가 믿음의 삶을 살지도, 감사하지도 않았습니다. 이처럼 우리도 매주일 하나님께 예배하지만 모두가 신앙적이지 않습니다. 그래서 우리는 하나님의 은혜를 다시 찾아야 합니다. 감사를 회복해야 합니다. 이전에 받았던 하나님의 은혜가 오늘 다시 한 번 기억되고 경험되어야 합니다.

불평은 전염성이 굉장히 높아서 누군가 불평하기 시작하면 그 불평을 들은 사람들뿐만 아니라 주변 사람들도 불평하기 시작합니다.

> 그들 중에 섞여 사는 다른 인종들이 탐욕을 품으매 이스라엘 자손도 다시 울며 이르되 … 민 11:4

특히 이 불평이 '섞여 사는 다른 인종들'로부터 시작되었습니다. 출애굽 할 때 이스라엘 백성뿐만 아니라 여러 민족이 함께 탈출했는데 그 중에는 유월절에 참여하며 할례를 받은 이방인도 있었고 그렇게 신앙이 깊지 않은 사람들도 있었을 것입니다.

> [5]우리가 애굽에 있을 때에는 값없이 생선과 오이와 참외와 부추와 파와 마늘들을 먹은 것이 생각나거늘 [6]이제는 우리의 기력이 다하여 이 만나 외에는 보이는 것이 아무 것도 없도다 하니 민 11:5-6

즉, 믿음의 뿌리가 깊지 않은 사람들이기에 하나님의 약속을 신뢰하기보다는 익숙한 애굽을 그리워했을 사람들이 함께 생활하고 있었던 것입니다. 우리는 신앙생활을 하며, 심지어는 예배를 드릴 때도 옆에 누가 앉아 있는지 유심히 보아야 합니다. 불평하는 사람 옆에 있으면 결코 신앙생활에 도움이 되지 않습니다. 악기 연주자들도 마찬가지입니다. 조율되지 않은 악기를 연주하는 사람 옆에 있다면 본인의 실력을 다 발휘할 수 없습니다. 조율되지 않은 연주자 한 명 때문에 오케스트라 전체가 연주를 망치게 되듯, 한 사람의 불평이 신앙 공동체를 망칠 수 있습니다.

그렇다면 오늘날 교회에서 '섞인 인종'이란 어떤 사람들일까요? 어쩌면 신앙과 교회에 방관자들이 하는 불평이 아닐까요? 불평은 헌신하지 않는 사람들의 전유물입니다. 애정 어린 충고가 아닌, 헌신하지 않는 사람의 무책임한 불평은 교회를 무너지게 하고 모두를 불행하게 합니다. 불행하기 때문에 불평하는 것이 아니라, 불평하기 때문에 불행해지는 것입니다.

이 부분에서 우리에게 주는 중요한 교훈이 있습니다. 우리는 이방인들을 배제하는 것이 아니라 그들에게 휩쓸리지 않도록 주의하고 굳건히 우리의 신앙을 지키는 것이 중요합니다. 하나님의 뜻이 무엇인지를 분별할 줄 아는 지혜와 그것을 지킬 수 있도록 믿음의 깊은 뿌리를 내려야 합니다.

탐욕에 물들어 불평하는 자들은 특징이 있습니다. 눈앞에 보이는 환경 때문에 과거에 함께하셨던 하나님의 은혜를 잊어버리는 것입니다. 하지만 기억하십시오. 누군가 원망의 언어를 쏟아낼 때 하나님께서는 다 듣고 계십니다.

여호와께서 들으시기에 백성이 악한 말로 원망하매 여호와께서 들으시고… 민 11:1

민수기와 신명기 말씀을 보면 바란 광야에 대해 묘사하고 있습니다.

우리 하나님 여호와께서 우리에게 명령하신 대로 우리가 호렙 산을 떠나 너희가 보았던 그 크고 두려운 광야를 지나… 신 1:19

너를 인도하여 그 광대하고 위험한 광야 곧 불뱀과 전갈이 있고 물이 없는 간조한 땅을 지나게 하셨으며 또 너를 위하여 단단한 반석에서 물을 내셨으며 신 8:15

사실 저는 광야를 지나며 어떤 면에서는 그들의 불평을 이해할 수 있을 것 같습니다. 분명 하나님께서 인도하셨기에 좋은 곳으로 가는 소망이 그들 가운데 가득했을 텐데, 이스라엘 백성의 기대와는 달리 그들이 하나님을 따라 간 곳은 "위험한 광야 곧 불뱀과 전갈이 있고 물이 없는 간조한 땅"이었기 때문입니다. 하지만 그들의 불평을 용납할 수는 없습니다. 하나님의 약속을 잊고, 하나님의 동행하심을 믿지 못했기 때문입니다. 아무리 그곳이 위험한 광야였을지라도 그들은 분명히 하나님의 인도하심을 받고 있었습니다. 여호와 하나님께서 변함없이 낮에는 구름 기둥으로, 밤에는 불 기둥으로 인도하셨습니다.

하나님께서 인도하신 곳을 갔을 때, 그곳에 어려움이 있다면 그

의도가 무엇일까요? 불평하라고 우리를 인도하셨을까요? 아니면 우리가 상황을 이겨내길 원하셔서 인도하셨을까요? 우리가 하나님의 뜻대로 살아가면서 이해가 되지 않을 때는 이전과는 다른 믿음의 눈으로 바라보고, 세상 사람과는 다른 믿음의 태도를 보여야 합니다.

3년 전, 구름 한 점 없는 땡볕에 광야를 걸으면서 도대체 이스라엘 백성은 어떻게 이 길을 걸었을까 하는 의문이 들었지만 곧 하나님의 구름 기둥이 없었다면 절대 이 길을 걸어갈 수 없었을 거라는 생각이 들었습니다. 또 광야에서 밤을 보냈는데 생전 처음 겪는 추위였습니다. 그리고 역시나 깨달은 것은 이스라엘 백성에게 하나님께서 불 기둥을 허락해 주시지 않았다면 어떻게 이스라엘 백성이 잠들 수 있었을까 하는 생각이 들었습니다.

하나님께서는 이스라엘 백성을 그저 광야로 내몰지 않았습니다. 그들의 필요에 따라서 구름 기둥과 불 기둥을 준비해 두셨습니다. 또한, 배고픔을 해결할 수 있도록 매일의 양식 만나를 허락해 주셨습니다. 광야에서 그들은 하나님 앞에서 불평할 것이 아니라 하나님께서 허락하실 최고의 것을 기대하며 기다렸어야 했습니다.

아마 지금 인생을 살면서 어둠의 시기, 아니 미래가 보이지 않는 절망의 시절을 지나고 있는 분도 있을 것입니다. 그러나 우리는 더욱 믿음을 굳세게 하고 우리를 향한 하나님의 놀라운 능력을 기대해야 합니다. 하나님께서 우리를 지금까지 인도하셨다면, 우리가 가야 할 곳까지, 끝까지 책임지십니다.

수치스런 기념비 VS 축복의 기념비

이스라엘 백성은 하나님이 하실 일을 기대하기보다는 불평했습니다. 미래의 소망이 사라지는 순간 광야는 더 이상 견딜 수 없는 절망의 땅이 됩니다. 우리 삶에는 늘 흔적이 있습니다. 훈장 같은 흔적도 있지만 감추고 싶은 상처와 같은 흔적도 있습니다. 이스라엘은 광야를 지나면서 수많은 기적의 흔적을 맛보았지만, 수치의 흔적도 경험해야 했습니다.

> 바람이 여호와에게서 나와 바다에서부터 메추라기를 몰아 진영 곁 이쪽
> 저쪽 곧 진영 사방으로 각기 하룻길 되는 지면 위 두 규빗쯤에 내리게
> 한지라 민 11:31

메추라기가 몰려오기 시작하더니 약 2백만 명의 이스라엘 백성이 머무르는 진영 사방으로 하룻길 되는 곳 가득히 메추라기가 떨어졌습니다. 그들이 그렇게 먹고 싶어 하던 고기가 지천으로 깔린 것입니다. 그런데 이 놀라운 기적이 복이 아닌 수치의 흔적이 되어 버렸습니다.

앞서 하나님께서 주셨던 만나의 복을 이스라엘 백성은 감사로 여기지 않고 오히려 더 많은 욕망을 채우고자 불평하기 시작한 것입니다. 하나님은 불평하는 이스라엘 백성에게 메추라기를 주시는 기적을 보여주셨지만 그들이 고기를 맛보기도 전에, 고기가 이 사이에 끼기도 전에 큰 재앙을 내렸습니다. 하나님은 고기를 허락하실 능력이 있으신 분이기도 하지만, 다시 그 복을 거둬 가실 능력도 있으신 분이라는 것을 우리에게 알게 하신 것입니다. 그래서 그곳을 '탐욕의 무덤' 즉, '기브롯 핫다아와'라 부르게 되었습니다.

기브롯 핫다아와, 그곳은 이스라엘 백성의 탐욕으로 말미암아 수치스런 무덤이 되었습니다. 수치가 수치로 끝나면 비극이지만, 수치를 기억하고 삶을 교정하는 기념비를 세울 수도 있습니다. 수치를 드러내어 다시는 이렇게 살지 않겠노라 결단하고 다짐하는 것입니다. 우리도 마찬가지입니다. 우리의 수치를 감추면 그것은 비극적인 삶입니다. 하지만 수치를 드러내어 주님 앞에서 교정하고자 하면 그것은 주님이 허락하신 영광의 삶이 됩니다. 탐욕을 채우는 것은 결코 축복이 아닙니다. 소화불량입니다. 하지만 나의 연약함과 부족함을 알고 하나님의 위대하심을 의지하면 곧 이것이 우리에게 허락하신 감사요, 축복입니다.

지금은 돌아가셨지만 저의 어머니는 오랫동안 병상에 누워 계셨습니다. 어머니를 통해 치매가 얼마나 무서운 병인지 처음 알았습니다. 잠들어 계실 때보다 깨어 계실 때가 더 걱정됩니다. 그래서 하나님 앞에 엎드려 기도할 때마다 하나님은 '네가 후회하지 않도록 해라'라는 마음을 주셨습니다. 그때마다 나에게 주신 것을 후회하지 않도록 감사함으로 감당해야겠다는 결심을 했던 기억이 납니다.

우리는 종종 내 짐이 버겁다고 생각합니다. 하지만 사실 우리에게 가장 힘든 것은 무엇일까요? 우리의 삶을 돌이켜봤을 때, 후회하는 인생 아닐까요? 우리 인간의 탐욕은 절대로 채워지지 않습니다. 단지 끊임없이 그 탐욕을 잘못된 방법으로 채우려 할 뿐입니다. 설령 내 삶에 탐욕이 채워진다고 한들, 그것은 오래가지 않습니다. 또 다른 탐욕 거리를 찾기 때문입니다. 그래서 우리는 우리 삶의 좋은 기념비를 세워야 합니다.

시내 산을 떠난 이스라엘 백성은 가나안을 향하여 출발하다가 가장 먼저 다베라에 진을 쳤고 이어 기브롯 핫다아와, 하세롯을 거쳐 가데스 바네아까지 계속 북진하였습니다. 사막에서 너무나 귀한 오아시스 지역인 가데스 바네아는 이스라엘 백성이 시내 산을 출발하여 11일 만에 도착하여 가장 오래 머문 곳입니다(신 1:2, 19-20). 그리고 모세는 가데스 바네아에서 열두 명의 정탐꾼을 가나안 본토로 보냈고 정탐꾼들은 약속의 땅, 가나안 땅을 정탐하게 됩니다.

하나님께서는 가나안 땅을 약속으로 주시길 원하셨습니다. 하지만 이 정탐꾼 중 10명은 하나님의 약속을 신뢰하지 못하고 그들의 눈에 보이는 현실과 자신의 판단을 더 신뢰했습니다. 그래서 정탐 후에 돌아와 백성 앞에서 악평하며 부정적인 보고를 합니다. 그 결과 이스라엘 백성은 결국 약속의 땅에 대한 불신과 원망으로 광야에서 40여 년을 방황하며 고난의 시절을 보내야 했습니다(민 13:1-33, 14장).

기브롯 핫다아와가 하나님께서 주시는 은혜를 감사하지 못한 결과라면, 가데스 바네아에서 일어난 일은 하나님이 주시는 복을 신앙의 눈으로 보지 못한 비극의 장소입니다. 그곳은 하나님이 복 주신 땅에서 절망의 땅으로 바뀐 곳입니다. 이 땅을 바라보며 결국, 탐욕은 신앙의 문제임을 깨닫습니다. 하나님을 믿고 감사함으로 받으면 되는 복이, 우리의 불신앙으로 인해 저주가 되었습니다. 우리 삶의 비극으로 남게 된 것이지요. 반대로 하나님이 허락하신 약속을 신뢰하고 믿음으로 받으면, 그것이 우리에게는 소망이 되고 복이 됩니다.

하나님이 우리에게 보여주신 것, 약속하신 것을 불평으로 받지 말고 감사함으로 받아야 합니다. 우리에게 채워지지 않은 부분을 탐욕으로 채우는 것이 아니라, 지금까지 함께하신 하나님의 은혜에 대한 감사로, 기대로 앞으로 허락하실 복을 소망하는 것으로 채워야 합니다. 무엇보다 지금도 우리와 함께하시는 신실하신 하나님은 결코 우리를 실망시키지 않으십니다. 단지 우리의 믿음 없음으로 인하여 우리가 우리의 현실만을 바라보며 실망할 뿐입니다.

메추라기를 몰고 온 기적의 사건이 복이 되지 못한 불행이 되었고, 약속을 이행하시려는 준비된 복을 순식간에 날려버린 불행이 되고 말았습니다. 결국은 모두가 불신앙의 눈으로 현재의 축복을 받아들이지 못한 비극적인 사건이었습니다. 하지만 우리는 이제 우리 삶을 믿음으로 돌아보아야 합니다. 신앙의 눈으로 보아야 합니다. 주시는 축복도 받지 못하는 불신앙적 믿음을 우리가 갖고 있는 것은 아닌지 돌아봐야 합니다.

미래는 언제나 내일을 향한 약속을 믿는 자들에게 준비된 선물입니다. 과거에 은혜를 주신 주님, 현재 내 인생의 광야에 만나를 내리시는 주님, 그리고 미래의 약속을 붙들고 살게 하시는 주님을 신뢰해야 합니다.

분명한 사실이 있습니다. 하나님의 약속을 끝까지 신뢰했던 사람만이 약속의 땅에 들어갑니다. 오늘을 사는 우리는 광야 가운데서 불평과 탐욕이 아닌 감사로 힘차게 주님과 함께 믿음의 걸음을 내딛어야 하지 않을까요?

생각열기

✳ **아래의 이야기를 읽고 다음의 질문에 솔직하게 대답하십시오.**

긍정적 사고라는 주제를 가지고 여러 유명한 저서를 쓰신 노먼 빈센트 필(Norman Vincent Peale)이라는 목사님이 있습니다. 이 목사님께서 첫 목회를 할 때 후두염에 걸려 말도 제대로 못 할 지경이 되어 병원에 갔을 때의 일입니다.

의사 선생님이 "목사님은 걱정이 많으시군요."라고 말하자, 목사님께서 "예, 걱정이 많습니다."라고 대답했다고 합니다. 다시 의사 선생님이 "무슨 걱정이 그리 많으십니까?"라고 묻자, 목사님은 "설교에 대한 걱정이지요. 주일 설교, 주중 설교, 이런 설교, 저런 설교…, 설교에 대한 고민이 참 많습니다."

그러자 의사 선생님이 "목사님, 설교 준비하는 일에 집중하지 말고 하나님께 집중하십시오."라고 대답했다고 합니다. 그리고 이 한 마디가 노먼 빈센트 필 목사님의 인생을 바꾸어놓는 중요한 역할을 했다고 합니다.

내 삶의 고민은 무엇입니까? 나의 직장과 가정에서의 고민 또는 아무도 모르는 나만의 고민에 대해 적어봅시다.

고민을 보면 내가 무엇을 보고 무엇을 의지하는지가 드러납니다. 나는 어떤 사람입니까?

배워보기

✳ 왜 이런 일이?

이스라엘 백성은 기브롯 핫다아와에서 다시 하나님을 원망하고 불평하기 시작합니다. 그런데 그 시점이 시내 산을 떠나온 지 삼 일밖에 지나지 않았다는 겁니다. 왜 이런 일이 일어난 것일까요? 그것은 하나님께 받은 은혜를 잊었기 때문입니다.

광야 길을 걷는 데 분주하여 하나님을 예배하지 않았을 때, 이스라엘 백성은 하나님이 허락하신 은혜를 잊었습니다. 그래서 그들의 마음에 불평만 남게 된 것입니다.

소그룹 나눔

우리가 하나님 앞에 범죄하고 불평함으로 하나님이 허락하신 은혜를 잊어버리는 이유는 하나님의 약속이 갱신되지 않았기 때문입니다. 만남과 관계는 늘 확인되어야 하는데, 당장 눈앞의 어려움 때문에 기억해야 할 것을 잊어버리는 것이 문제입니다.

✳ 불평의 이유

1. 만나에 만족하지 못하고 ＿＿＿＿＿＿을 불평합니다.

2. 마음에 ＿＿＿＿＿＿＿＿＿＿＿＿＿

그들 중에 섞여 사는 다른 인종들이 탐욕을 품으매 이스라엘 자손도 다시 울며 이르되 … 민 11:4

3. 하나님이 함께하셨는데도 ＿＿＿＿＿＿＿를 찾지 못했습니다.

5우리가 애굽에 있을 때에는 값없이 생선과 오이와 참외와 부추와 파와 마늘들을 먹은 것이 생각나거늘 6이제는 우리의 기력이 다하여 이 만나 외에는 보이는 것이 아무 것도 없도다 하니 민 11:5-6

✳ 다시 은혜로 채우려면!

1. 진단 : '섞여 사는 다른 인종'으로부터 시작된 불평이 전염되었습니다.

2. 처방

1) 하나님의 약속을 신뢰해야 합니다.
2) 무리에 휩쓸리지 않도록 주의해야 합니다.
  • 하나님의 뜻이 무엇인지 분별하는 지혜와 그것을 지킬 수 있는 믿음의 뿌리 내림이 필요합니다.
3) 감사가 회복되어야 합니다.
  • 이스라엘 백성의 필요에 따라 구름 기둥과 불 기둥을 준비하셨습니다.
  • 만나를 허락하셨습니다.

✳ 기념비를 세워라!

1. _____의 흔적 : 기브롯 핫다아와

  기브롯 핫다아와, 그곳은 이스라엘 백성의 탐욕으로 말미암아 수치스런 무덤이 되었습니다. 만나를 허락하신 하나님의 은혜에 만족하지 않은 이스라엘 백성은 고기를 요구합니다. 그리고 메추라기를 허락하신 하나님은 그 고기가 이 사이에 끼기도 전에 큰 재앙을 내리셨습니다.

고기가 아직 이 사이에 있어 씹히기 전에 여호와께서 백성에게 대하여 진노하사 심히 큰 재앙으로 치셨으므로 민 11:33

2. _____의 흔적 : 가데스 바네아

하나님께서는 가나안 땅을 약속으로 주시길 원하셨습니다. 하지만 12명의 정탐꾼 중 10명은 하나님의 약속을 신뢰하기보다는 그들의 눈에 보이는 현실, 자신의 판단을 더 신뢰했습니다. 그래서 정탐 후에 돌아와 백성 앞에서 부정적인 보고를 합니다. 하나님께서 주신다고 약속하신 땅을 그들은 믿음으로 바라보지 못하고 자신의 이해를 더 신뢰한 것입니다. 그 결과 이스라엘 백성은 결국 약속의 땅에 대한 불신과 원망으로 광야에서 40여 년을 방황하며 고난의 시절을 보내야 했습니다(민 13:1-33, 14장).

내 삶에 적용하기

1. 익숙하지 않은 상황에서 겪었던 당황스러운 일이 있었습니까? 또는 너무 바쁘게 사느라 하나님의 은혜를 잊고 살았다면, 하나님이 과거에 허락해 주셨던 은혜에 대해 나눠 봅시다.

2. 요즘 광야의 길을 걷고 있는 것처럼 느껴져서 불평하고 있습니까? 지금 찾을 수 있는 감사의 제목은 무엇이 있는지 삶을 돌아봅시다.

3. 우리는 종종 내 짐이 버겁다고 생각합니다. 우리의 삶을 돌이켜 봤을 때 후회하는 인생을 살았다고 여길 때도 있습니다. 그러나 우리는 좋은 기념비를 세울 수 있습니다. 내가 세우고 싶은 인생의 기념비는 무엇입니까?

묵상&기도

하나님께서 이스라엘 백성에게 필요에 따라 복을 허락하시고 약속하셨음에도 그들은 하나님의 은혜를 잊어버린 채 여전히 불평하고, 불만을 품고 살아갑니다. 가데스 바네아 땅은 하나님께서 가나안 땅을 주시겠노라 약속하신 축복의 땅이었지만, 12명의 정탐꾼 중 10명이 하나님의 약속을 신뢰하기보다는 자신들의 판단을 더 신뢰함으로 비극의 장소가되었습니다. 우리의 생각과 판단보다는 하나님의 언약이 더 중요함을 깨닫습니다. 낯선 땅에 있을수록 더욱 눈을 들어 신실하신 하나님만을 바라봐야 합니다.

✺ 묵상 질문

요즘 나의 관심사는 무엇입니까? 그것을 얻고자 하나님께 어떻게 기도합니까?

하나님의 약속을 끝까지 신뢰한 사람만이 약속의 땅에 들어갈 수 있습니다. 내가 꼭 붙들어야 할 하나님의 약속은 무엇입니까?

✳ 깊이 묵상하기

지침

1. 주님께 질문하십시오.

2. 믿음을 가지고 그분의 응답을 기다리십시오.

3. 하나님이 응답하시면, 그것이 당신의 삶에서 갖는 의미가 무엇인지 생각해 보십시오.

4. 주님의 생각에 당신의 선택과 행동을 일치시키겠다고 구체적으로 고백하십시오.

✳ 주님과 대화하기

지침

기도 제목을 나누십시오.

¹모세가 모압 평지에서 느보 산에 올라가 여리고 맞은편 비스가 산꼭대기에 이르매 여호와께서 길르앗 온 땅을 단까지 보이시고 ²또 온 납달리와 에브라임과 므낫세의 땅과 서해까지의 유다 온 땅과 ³네겜과 종려나무의 성읍 여리고 골짜기 평지를 소알까지 보이시고 ⁴여호와께서 그에게 이르시되 이는 내가 아브라함과 이삭과 야곱에게 맹세하여 그의 후손에게 주리라 한 땅이라 내가 네 눈으로 보게 하였거니와 너는 그리로 건너가지 못하리라 하시매 ⁵이에 여호와의 종 모세가 여호와의 말씀대로 모압 땅에서 죽어 ⁶벳브올 맞은편 모압 땅에 있는 골짜기에 장사되었고 오늘까지 그의 묻힌 곳을 아는 자가 없느니라 ⁷모세가 죽을 때 나이 백이십 세였으나 그의 눈이 흐리지 아니하였고 기력이 쇠하지 아니하였더라 ⁸이스라엘 자손이 모압 평지에서 모세를 위하여 애곡하는 기간이 끝나도록 모세를 위하여 삼십 일을 애곡하니라

신 34:1-8

07

하나님께 시선을 두라

느보 산에서

웰컴투 광야

암몬

Jericho
여리고

지중해

CANAAN
가나안

사해

Dead
Sea

람세스

EGYPT
Goshen
고센

가데스
바네아

wilderness of Shur

Kadesh

숙곳

비돔

이스라엘 백성이 건넌 홍해 지점(추정)

wilderness of Paran

마라

엘림

시내반도
wilderness of Sin

엘랏

이집트

하세롯

Red
Sea

기브롯핫다아와

르비딤

홍해

Mt. Sinai

미디안

시내산

이집트에서 약속의 땅 가나안까지(출애굽 경로)

헬렌 켈러는 "많은 사람이 진정한 행복을 모르고 사는 것 같다. 행복은 자기만족에서 오는 것이 아니라, 가치 있는 삶에 충성할 때 오는 것이다."라고 말합니다. 행복하기를 원하지 않는 사람은 아무도 없을 것입니다. 우리는 모두 행복하기를 원합니다. 그런데 누군가 "여러분 정말 행복하십니까?"라고 물을 때 "네, 행복합니다."라고 대답할 수 있는 사람이 얼마나 될까요? 그럼 우리는 언제 행복하다고 느낄까요?

20세기 가장 위대한 변증신학자 중의 한 사람이라고 불리는 C. S. 루이스가 쓴 『헤아려 본 슬픔』이라는 책에서 그가 50대 말에 한 여인을 만나 결혼한 이야기를 합니다. 영국인이었던 루이스가 미국 여인 조이 그래샴을 만나서 결혼하게 됩니다. 그런데 결혼하기 전, 이 여인은 악성 골수암을 앓고 있었고, 죽어가는 상태였습니다. 그 것을 알고도 루이스는 결혼을 했고, 4년 동안 투병하며 그 여인이 고통스럽게 죽어가는 모습을 바라보며 시한부 사랑을 나누게 됩니다. 결국, 이 여인은 45세에 세상을 떠나게 됩니다. 58세에 C. S. 루이스도 세상을 떠났고, 헤아려 본 슬픔이라는 책이 '섀도우 랜드'(shadowlands)라는 영화로 영국에서 만들어집니다.

루이스가 이런 말을 합니다.

"죽음의 이별은 참기 어려운 고통이지만, 그 고통은 바로 우리가 누려온 행복의 일부분이다."

우리가 인생의 고통 가운데서 '나는 정말 고통스럽게 죽는다'라고 생각한다면 우리 인생은 불행할 것입니다. 그러나 내가 고통스럽게 지나왔던 시간의 일부분이 내 행복한 삶의 일부분이라고 한다면, 우리의 죽음은 의미 있지 않을까요?

제가 몇 년 전 성도들과 함께 성지순례 여정 중에 느보 산에 오른 적이 있는데, 그때 "저 멀리 뵈는 나의 시온성"이라는 찬양을 불렀던 기억이 있습니다.

2절이 이렇게 시작하지요.

"아득한 나의 갈길 다 가고 저 동산에서 편히 쉴 때…."

모세가 모압 평지에서 느보 산에 올라 하나님이 보여주시는 약속의 땅을 바라보는 장면을 상상하면 딱 맞는 찬양이라는 생각이 듭니다.

약속의 땅 앞에서

모세가 살아온 삶을 떠올려 보십시오. 그런데 그가 가나안 땅을 앞에 두고 들어가지도 못한 채, 그 땅을 바라보며 죽어야 했을 때, 사람들은 그 인생을 실패자라고 생각하지 않겠습니까?

가나안 땅에 들어가기 위해 이렇게 애썼는데, 그 땅을 앞에 두고 죽어야 한다는 것이 그에게 얼마나 불행이겠습니까? 그런데 모세의 죽음을 바라보면 전혀 그가 불행하다는 느낌을 받을 수가 없습니다. 그는 정말 편안하게 자신의 죽음을 맞이합니다.

제가 언젠가 양화진 선교사 묘역에 갔을 때 정말 많은 사람의 죽음을 보았고, 거기에는 이름도 없이 죽어간 사람들, 특히 낳자마자 죽은 영아들의 무덤이 있었습니다.

그 무덤을 바라보며 세상 사람은 허무하게 죽었다고 생각할지 모르겠지만, 저는 그 죽음이 절대로 헛되지 않다는 것을 압니다. 왜냐하면, 그들은 사명을 위해, 꿈을 위해, 그들이 달려갈 길을 끝까지 달려갔고 그곳에서 죽었기 때문입니다. 만약 그들이 달려갈 길이 없었다면, 혹은 달려갈 길을 다 가지 못했다면, 그들의 삶은 실패였을

지 모릅니다. 그러나 하나님이 허락하신 그곳까지 그들이 이르게 되었기에 그들의 죽음은 슬픔이 아닙니다.

저에게도 꿈이 있습니다. "하나님, 제가 죽음을 맞이할 때 제 삶에 대한 아쉬움이 아니라, 하나님이 나를 여기까지 허락하셨으므로 내가 여기까지 달려온 것에 대한 감사와 평안함이 있기를 간절히 소원합니다."라고 고백하는 것입니다.

아마 우리 중에는 '내가 아직 살날이 많이 남았다'고 생각하는 사람도 있고, '내가 죽음을 준비해야지'라고 생각하는 사람도 있을 것입니다. 그러나 착각하지 마십시오. 우리가 세상에 올 때는 순서가 있지만, 세상을 떠날 때는 순서가 없습니다. 하나님이 언제 우리를 어떻게 데려가실지 아무도 모릅니다. 단지 우리에게 중요한 것이 있다면, '내가 하나님께로 부름을 받을 때 어떤 모습으로 부름을 받을까' 뿐입니다.

저는 모세가 죽었던 '느보 산'을 비전의 산으로 부르고 싶습니다. 꿈이 이루어지는 것이 비전이 아니고, 꿈을 향해 나가는 것이 비전이라고 생각하기 때문입니다.

여호와께서 그에게 이르시되 이는 내가 아브라함과 이삭과 야곱에게 맹세하여 그의 후손에게 주리라 한 땅이라 내가 네 눈으로 보게 하였거니와 너는 그리로 건너가지 못하리라 하시매 신 34:4

지금 모세가 보는 그 약속의 땅은 하나님께서 모세에게 약속한 땅이 아니라 그의 조상 아브라함과 이삭과 야곱에게 주시기로 한 땅입니다. 아브라함과 이삭과 야곱은 그 땅을 차지하지 못했습니다. 그들은 기근을 만났을 때 요셉을 통해 고센 땅에 거주하고 그곳에서 430년을 지내게 되었습니다. 그들은 또한 가나안 땅에 들어가기 전 40년 동안 광야를 헤맸습니다. 하나님께서 약속하셨지만, 500년이 되는 시간 동안 그 땅에 들어가지 못했습니다. 그러나 분명한 것이 있습니다. 하나님은 약속하셨고, 그들에게 꿈을 꾸게 하셨고, 이제 모세를 통해서 여기까지 인도하셨습니다.

어떤 목사님이 암 투병 중인 한 여집사를 심방하게 되었습니다. 서른 세 살의 나이, 아이를 둘씩이나 데리고 있는데 말기 암으로 죽어가는 그 젊은 엄마에게 목사님은 할 말이 없었습니다.

'내가 무슨 말로 이 사람을 위로할 수 있을까?'

그런데 심방을 하면서 그 젊은 여집사가 목사님에게 이렇게 말했답니다.

"목사님, 제 병을 낫게 해달라고 하나님께 기도하지 않으셔도 됩니다. 저는 죽을 준비가 되어 있습니다. 제가 죽음 앞에서도 여전히 주님은 나에게 존귀한 분이시며 아름다운 분이시라는 것을 사람 앞에서 보일 수 있도록 기도해 주십시오. 그러면 저는 부끄럼 없이 주님의 보좌 앞에 설 수 있을 것입니다. 저를 위해 기도해 주십시오."

죽음을 이기는 것, 병을 이기는 것, 그것은 살아서 이길 수도 있지만, 죽음을 두려워하지 않고 죽으면서도 이길 수 있습니다. 죽음이 끝이라면 우리는 자기가 이루지 못한 것 때문에 실패한 인생이 될지 모릅니다. 우리가 꿈꾸는 것을 이루지 못했기 때문에 인생이 실패했다고 여길지 모릅니다. 그러나 우리가 살아도, 죽어도 우리 삶에 의미가 있는 것은 우리의 죽음이 끝이 아님을 알기 때문입니다.

하나님께서 모세에게 그 땅을 보여 주셨습니다. 그러나 모세가 그 땅에 들어가지는 못했습니다. 왜냐하면, 하나님께서는 모세에게 거기까지의 인생을 허락하셨기 때문입니다. 그런데 신명기 34장 7절을 보면 전혀 비극적이지 않습니다. 죽음 앞에 펼쳐진 비전의 땅은 그의 다음 세대와 후손이 차지할 가능성의 땅이기 때문입니다.

> 모세가 죽을 때 나이 백이십 세였으나 그의 눈이 흐리지 아니하였고 기력이 쇠하지 아니하였더라 신 34:7

모세는 죽을 때 그의 나이가 백이십 세였습니다. 그런데 그의 눈이 흐리지 않았고, 기력이 쇠하지도 않았다고 말씀합니다. 즉, 그가 늙어서 어쩔 수 없이 거기까지의 인생을 산 것이 아니라는 말씀입니다. 그의 죽음은 하나님의 섭리 가운데 일어난 일이었습니다. 하나님이 그의 삶을 거두어 가신 것입니다.

성경은 모세에 대해 이렇게 평가합니다.

그 후에는 이스라엘에 모세와 같은 선지자가 일어나지 못하였나니 모세는 여호와께서 대면하여 아시던 자요 신 34:10

모세는 하나님께서 인정하시는 가장 큰 선지자였으며, 하나님을 대면하여 보았던 사람이었습니다. 하나님께서 우리에게 보여주시는 것을 보십시오.

하나님께서 보여 주신 것을 보라

성경은 우리에게 이렇게 말씀합니다.

묵시가 없으면 백성이 방자히 행하거니와 … 잠 29:18

하나님께서 우리에게 보여주시는 것을 보지 못하면, 우리는 방자히 행합니다. 이게 무슨 말입니까? 마음대로 산다는 것입니다. 우리는 타락할 수밖에 없는 존재로 만족을 모른다는 것입니다. 그러나 하나님께서 우리에게 보여주시는 그것을 보기 시작할 때, 우리의 인생은 의미 있는 삶을 살아갑니다.

¹모세가 모압 평지에서 느보 산에 올라가 여리고 맞은편 비스가 산꼭대기에 이르매 여호와께서 길르앗 온 땅을 단까지 보이시고 ²또 온 납달리와 에브라임과 므낫세의 땅과 서해까지의 유다 온 땅과 ³네겝과 종려나무의 성읍 여리고 골짜기 평지를 소알까지 보이시고 신 34:1-3

죽음 앞에 선 모세가 보았던 것은 무엇입니까?

하나님은 느보 산에서 지중해까지 보여주셨습니다. 느보 산에서 지중해까지 거리는 70km입니다. 아무리 모세가 눈이 좋아도 70km나 되는 서해안 끝까지 볼 수 있었겠습니까? 게다가 모세가 오른 느보 산은 710m입니다. 느보 산 산맥에서 가장 높은 봉우리는 835m이고요, 또 하나의 산봉우리 비스가 산은 790m의 높이입니다. 또한, 요단 강을 지나서 여리고를 지나 유다 고지가 있는데, 거기는 800m가 넘는 고지입니다. 모세가 서 있던 곳에서 어떻게 70km 너머의 서해안을 볼 수 있었겠습니까?

이것은 눈으로 보이는 것을 의미하지 않습니다. 하나님께서 그에게 보여주신 것은 육신의 눈이 아닌, 영적인 눈으로 그 땅을 보게 하셨습니다. 모세는 기꺼이 그 땅을 바라보며 거기에서 죽습니다. 그는 죽음 앞에서 이스라엘 백성의 소망을 보았습니다. 자신은 여기에서 죽지만, 여기까지 하나님의 백성을 인도한 것만으로도 감사할 수 있었습니다. 그들이 약속의 땅으로 들어가는 꿈을 꾸며 그 땅을 바라보고 그렇게 죽음을 맞이합니다.

만일 모세가 지금까지 고생했던 자기 인생을 바라보며, '내가 이렇게 힘들었는데, 여기에서 이렇게 죽는 것이 안타깝구나!'라고 말했다면 그는 실패한 인생이었을 것입니다.

어떤 젊은이가 배낭을 메고 등산을 하다 깊은 산중에서 길을 잃었습니다. 산중에서 혼자 길을 잃고 헤매는 것이 얼마나 위험하고 두려운 일인지 아십니까? 이 청년은 날이 어둡기 전에 길을 찾으려고 미친 듯이 아래를 향해 달려갔습니다. 그리고 천신만고 끝에 숲 속의 외딴곳에서 홀로 집을 짓고 사는 노인 한 분을 만나게 됩니다. 생명을 구하게 된 것이지요. 그 노인은 청년에게 이런 교훈을 말해 주었습니다.

"여보게 젊은이! 대부분 사람은 산속에서 길을 잃게 될 경우 무작정 아래로 내려가면 사는 줄 알고 내려간다네. 그러나 그것은 사는 길이 아니고 죽는 길이지. 앞으로 반드시 명심하기 바라네. 산속에서 길을 잃게 되면 위를 바라보고 위를 향해서 올라가야 살 수 있다네. 산꼭대기에 올라가서 내가 서 있는 위치가 어딘지 분명히 파악하고 길이 어디로 나 있는지, 동네가 어디에 있는지 그것을 분명히 알고 난 다음 방향을 잘 정해서 나아가야지 살 수 있다네."

이 이야기를 영적으로 이렇게 해석할 수 있습니다.

우리가 인생에서 길을 잃고, 절망 가운데 있을 때, 그 해답을 찾기 위해 밑으로 내려가면 우리는 죽고 말 것입니다. 우리에게 필요한 것은 절망의 산에서 위를 바라보고 하나님께서 우리에게 보여주시는 것을 보아야 합니다. 그때 우리의 눈이 열리고 하나님의 비전을 발견하고, 하나님께서 우리를 인도하시는 것을 보게 될 것입니다.

호주 코스타에서 집회를 인도한 적이 있습니다.

젊은이 사역을 하는 목사님들과 이야기하며, 요즘 젊은이들이 교회를 떠나는 것에 대한 생각을 나누었는데, 이유는 이것이었습니다. 한국 교회 지도자들이 성적으로 타락하고 돈으로 죄를 짓고, 명예 때문에 넘어지는 것을 바라보며 젊은이들이 혼란스럽다는 것입니다.

'돈, 성, 명예로 쓰러지는 목회자들을 보며, 젊은 세대가 그들을 지도자로 믿고 따를 수 있겠는가? 자신의 결정에 후회하지 않을 수 있는가?' 이러한 질문이 젊은이들을 혼란스럽게 했다는 것입니다.

젊은이들이 함께 모여 기도하는 중에 그 집회를 인도하던 목사님이 젊은이들에게 이렇게 질문했습니다.

"너희는 어떤 목사님의 설교를 듣고 싶니?"

젊은이들이 듣고 싶은 설교는 고 방지일 목사님의 설교였습니다. 방지일 목사님은 성공한 목회자도, 큰 교회 목회자도 아니었습니다. 그저 충실하게 100세를 넘게 성실하게 사셨던 분입니다.

'목사님은 이렇게 평생을 섬겨왔는데, 후회하지 않으세요?'

젊은이들이 방 목사님께 이렇게 질문하고 싶었던 이유는 '내가 지금 이렇게 젊을 때 이렇게 헌신하고 하나님을 믿겠다고 따랐는데, 나중에 이것이 허무해서 하나님을 떠난다면 내 인생이 얼마나 불행한가'라는 두려움 때문이었다고 합니다.

그때 목사님은 젊은이들에게 이렇게 말했습니다.

"여러분! 욕망에 넘어지는 것, 그렇게 이상한 일 아닙니다. 인간은 욕망을 떨쳐 버릴 수 없는 존재입니다. 주님을 사랑하는 그 사랑이 점점 줄어들면 욕망에 사로잡히고, 여러분이 주님을 사랑하는 마음이 떨어지지 않으면 언제든 욕망을 이길 수 있습니다. 여러분, 두려워하지 마세요. 하나님을 사랑하세요. 주님을 사랑하고 열심히 살아가세요."

저는 이 이야기를 듣고 이렇게 기도했습니다.

"하나님, 앞이 캄캄하고 아무것도 보이지 않는 이곳에서 우리가 저 밑을 바라보며 나에게 이것이 무슨 의미가 있는가를 질문하는 것이 아니라, 우리를 부르신 하나님을 바라보며 내 삶을 이끌어 가시는 하나님께 헌신하게 하소서. 우리가 그 길을 끝까지 갈 수 있을 때 우리의 인생을 실망하지 않을 수 있습니다."

하나님이 우리에게 주신 삶, 그 길을 끝까지 갈 수 있다면, 우리도 모세와 같은 죽음을 맞이할 수 있지 않을까요? 예수를 믿는 일 때문에 손해 보고, 예수를 믿는 일 때문에 큰돈도 놓치고, 즐거움도

버린 것 같아서 인생이 후회된다고 생각하십니까? 아닙니다.

출애굽 하는 동안 그들의 눈에 욕망을 버리지 못하고 살았던 사람들은 아무도 가나안 땅에 들어가지 못했습니다. 그러나 끝까지 신앙을 지키며 따랐던 사람들이 그 땅에 들어갔습니다. 우리도 하나님께서 주신 비전을 가슴에 안고 살아간다면 기쁨으로 우리의 인생을 바라볼 날이 있을 것입니다.

모세는 이스라엘 백성이 하나님께 범죄 할 때마다 하나님 앞에 중보자로 섰습니다.

'하나님 이 백성을 불쌍히 여겨 주십시오. 나의 이름을 생명책에서 지우셔도 좋으니 이 백성을 용서해 주십시오!'

저는 모세의 이 기도를 보며 그가 생각한 자신의 사명은 가나안 땅에 들어가는 것이 아니라, 이 백성을 거기까지 인도하는 것일 수도 있겠다는 생각을 해봅니다.

그래서 가나안 땅을 앞에 두고 느보 산에서 그 땅을 바라보았을 때 이렇게 고백하지 않았을까요? '하나님 제가 그 땅을 바라보는 것만으로도 가슴이 벅차고, 이 백성이 약속의 땅에 들어가는 것만으로도 내 가슴이 뜁니다.'

모세는 이러한 마음으로 느보 산에서 평안한 죽음을 맞이하지 않았을까요?

느보 산이 주는 교훈

느보 산이 주는 몇 가지 교훈을 생각해 봅니다.

첫째, 불평에는 그 대가가 있다는 사실입니다. 불평했던 사람들은 약속의 땅에 들어가지 못했습니다. 불평하지 마십시오! 정말로 불평하지 마십시오!

광야의 시간을 지나며 불평과 원망이 습관이 된 사람들, 그들의 삶은 불행했습니다. 어려운 일이 있어서 불행한 것이 아니라, 불평 때문에 불행한 삶을 살게 됩니다.

어떤 목사님이 설교에서 그런 말을 하는 것을 들었습니다.

'원망은 습관이다!'

원망하는 사람은 천국에 가서도 원망을 한답니다.

"여기는 왜 이렇게 편안해!"

원망하지도, 불평하지도 마십시오. 원망하지 않으면 우리는 믿음의 삶을 살 수 있습니다. 원망하지 않으면 우리는 행복한 삶을 살아갈 수 있습니다.

모세의 삶은 순례자의 삶이었습니다. 그래서 자신이 가는 길이 의미 있었습니다. 멋지지 않습니까? 우리가 무엇을 이루기 위해 아등바등하지 않아도 됩니다. 지금 가는 그 길이 감사하고 좋은 것을 고백하기만 하십시오. 이 길은 하나님이 주신 길이기 때문입니다.

한번은 고등학교 졸업을 앞두고 아들이 간증문을 써서 왔습니다.

"아빠, 졸업식 예배에서 간증을 해야 하는데, 한 번 봐주세요!"

목사 아들로 입시를 준비하면서 많은 스트레스를 받았음에도 한 번도 내색하지 않고 잘 견디어 왔다는 것을 저도 처음으로 알았습니다. 그리고 그 아이에게 대학수학능력시험을 잘 못 본 것이 얼마나 견디기 힘든 일이었는지.

사실 우리 인생을 길게 보면 아무것도 아니지만, 그 일을 당하는 당사자에게는 그것이 전부인 것처럼 느껴질 때가 있으니까요.

아빠에게 자랑스러운 아들이기를, 그리고 청소년부 회장을 하고 교회 활동을 했기에 대학을 잘 가야 한다는 부담감, 그래서 정말 열심히 최선을 다했는데, 시험을 잘 못 본 것입니다.

만약 그 시험이 그 아이의 인생에서 끝이라면 실패겠지요. 하지만 아직 하나님이 인도하실 많은 일이 있기에 작은 실수는 큰 경험이 될 것입니다.

느보 산에서 모세를 통해 우리에게 주시는 교훈 두 번째는 이것입니다.

"The best is yet to come!" 가장 좋은 것은 아직 오지 않았다는 것입니다. 실패했기에 실망하는 것이 아니라, 실패했기에 더 좋은 것을 주실 하나님에 대한 기대가 있습니다.

시련 속에서, 문제 속에서 하늘이 무너지는 것 같다고 말하는 삶은 내 인생에 하나님의 계획이 없는 삶입니다. 우리는 그러한 삶을 살아가서는 안 됩니다. 문제 가운데, 시련 가운데 걱정하지 마십시오! 두려워하지 마십시오! 삶에 버림받은 것 같은 그 순간 우리가 생각하지 못한 또 하나의 것을 하나님이 준비하시고 주실 것이라는 믿음을 가지십시오.

우리의 문제는 버려진 것 같다는 생각 때문에 우리 안에 자유함을 잃어버리고, 하나님의 은혜를 잊어버리고 불평하는 것입니다.

모세는 최선의 삶을 살았기 때문에 그의 죽음 앞에서 담대할 수 있었습니다. 그리고 그는 행복하게 죽음을 맞이할 수 있었습니다.

이제 세상을 향해 나아가며 "The best is yet to come! 아직 가장 좋은 것이 오지 않았다!"라고 외치십시오. 하나님이 가장 좋은 것을 나에게 주실 것을 기대하며 실패의 자리에서 일어서십시오. 하나님이 우리의 삶을 가장 좋은 것, 가장 좋은 곳으로 인도하실 것입니다. 더 좋은 사람을 만나게 하실 것입니다. 이것은 단순히 긍정적인 사고가 아닙니다. 신앙적인 사고입니다. 우리 마음에 최면을 거는 것이 아니라, 하나님이 지금까지의 삶을 인도하셨기에 앞으로의 삶을 기대할 수 있는 믿음에서 출발하는 것입니다.

The best is yet to come!

내일의 삶에서 더 좋은 것을 만나게 될 것입니다. 나에게 시선을 두는 것이 아닌, 하나님께 시선을 두는 삶을 사십시오.

생각열기

✳ 아래는 캐롤 자코우스키가 쓴 『후회 없는 삶을 위한 10가지 제안』의 내용입니다.

1. 남들보다 재미있게 살아라!
2. 통찰력을 얻어라!
3. 깊이를 얻어라!
4. 도피처를 마련하라!
5. 매일 밤 글을 써라!
6. 자신의 직업에 대해 생각하라!
7. 재미있는 사람이 되어라!
8. 잠시 동안 혼자 살아라!
9. 자신을 소중히 대하라!
10. 아무것도 잃을 게 없다는 생각으로 살아라!

이 10가지 제안 중 자신에게 가장 필요한 1가지 제안을 선택하고 그 이유를 나눠봅시다.

_____

_____

배워보기

✳ 약속의 땅 앞에서

약속의 땅을 앞에 둔 모세는 그 땅에 들어가지 못하고 죽습니다. 그러
나 하나님께서 인도하시는 그곳까지 갔기 때문에 그는 의미 있게 인생
을 마감할 수 있었습니다.

> 여호와께서 그에게 이르시되 이는 내가 아브라함과 이삭과 야곱에게
> 맹세하여 그의 후손에게 주리라 한 땅이라 내가 네 눈으로 보게 하였
> 거니와 너는 그리로 건너가지 못하리라 하시매 신 34:4

> 그 후에는 이스라엘에 모세와 같은 선지자가 일어나지 못하였나니 모
> 세는 여호와께서 대면하여 아시던 자요 신 34:10

1. 죽음은 _____아닙니다.

죽음을 이기는 것은 살아남는 것이 아닙니다. 왜냐하면, 죽음이 우
리 인생의 끝이 아니기 때문입니다. 하나님께서 모세에게 약속의 땅
을 보여 주셨습니다. 비록 모세가 그 땅에 들어가지는 못하지만, 모

세 앞에 펼쳐진 비전의 땅은 모세의 다음 세대와 후손이 차지할 가
능성의 땅이었습니다.

2. 모세는 하나님이 _____을 살았습니다.

모세가 죽을 때 나이 백이십 세였으나 그의 눈이 흐리지 아니하였고
기력이 쇠하지 아니하였더라 신 34:7

하나님께서 모세의 걸음을 멈추셨을 때, 그의 나이가 백 이십 세였
습니다. 그러나 그의 눈이 흐리지 않았고, 기력이 쇠하지도 않았습니
다. 그가 늙어서 어쩔 수 없이 거기까지의 인생을 산 것이 아니라는
말입니다. 그의 죽음은 하나님의 섭리 가운데 일어난 일이었습니다.
거기까지가 하나님이 모세에게 허락하신 시간이었습니다.

✳ 하나님이 보여주시는 것 바라보기

1. 하나님이 보여주시는 삶을 보지 못할 때 우리는 타락하게 됩니다.

묵시가 없으면 백성이 방자히 행하거니와 율법을 지키는 자는 복이 있
느니라 잠 29:18

2. 하나님이 모세에게 보여주신 것

느보 산과 지중해	영적인 눈 → 이스라엘 백성의 소망을 보게 하심
모세의 삶	지난 삶 → 하나님의 부르심, 이끄심을 돌아 보게 하심
이스라엘 백성	이스라엘 백성의 여리고 입성 → 하나님께 서 주신 사명 완수

✴ 느보 산이 주는 교훈

1._____

광야의 시간을 지나며 불평과 원망이 습관이 된 사람들, 그들의 삶은 불행했습니다. 어려운 일이 있어서 불행한 것이 아니라, 불평 때문에 불행한 삶을 살게 됩니다. 결국, 그들은 불평에 묶여 약속의 땅에 들어가지 못합니다.

2._____

누구나 실패할 수 있습니다. 그러나 실패했기에 실망하는 것이 아니라, 실패했기에 더 좋은 것을 주실 하나님에 대한 기대가 있습니다. 하나님이 가장 좋은 것을 주실 것을 기대하며 실패의 자리에서 일어나야 합니다. 지금까지의 삶을 인도하신 하나님께서 앞으로의 삶도 인도하실 것을 기대하는 믿음으로부터 다시 출발해야 합니다.

내 삶에 적용하기

1. 실패했다고 느꼈던 순간에 대하여 나누어 봅시다.

2. 모세의 인생과 그의 죽음을 통하여, 나의 지나온 삶과 죽음에 대하여 다시 한 번 생각해 봅시다. 실패와 성공의 순간 내가 선택한 것이 불평과 원망이었는지 아니면 기도와 감사였는지 돌아보시기 바랍니다.

3. The best is yet to come!(가장 좋은 것은 아직 오직 않았다!) 하나님이 당신
에게 주실 가장 좋은 것은 무엇일까요?

교회에서 _____

가정에서 _____

자녀에게 _____

부모에게 _____

직장에서 _____

묵상&기도

우리는 약속의 땅에 들어가지 못하고 느보 산에서 죽음을 맞이한 모세
를 만났습니다. 사람의 눈으로 그의 죽음을 바라보면 약속의 땅에 들어
가지 못한 '실패한 죽음'이었습니다. 하지만 모세는 죽음 앞에서 그의 삶
과 죽음을 최선의 방법으로 이끄시는 하나님을 보았습니다. 그래서 그
는 죽음 앞에서 담대할 수 있었습니다.

소그룹 나눔

✳ 묵상 질문

나는 실패라고 생각되는 순간 어떤 것을 선택하고 있습니까? 감사입니까? 불평입니까?

나의 삶을 이끄시는 하나님께 시선을 고정하기 위해 무엇을 하고 있습니까?

✳ 깊이 묵상하기

지침

1. 하나님께 시선을 고정하십시오.
2. 어려운 순간에 불평과 원망이 아닌 감사를 선택하십시오.
3. 내일의 삶에서 더 좋은 것을 만나게 하실 하나님을 의지하십시오.
4. 주님의 생각에 당신의 선택과 행동을 일치시키겠다고 구체적으로 고백하십시오.

✴ 주님과 대화하기

지침

기도 제목을 나누십시오.

¹이스라엘 자손들로 말미암아 여리고는 굳게 닫혔고 출입하는 자가 없더라 ²여호와께서 여호수아에게 이르시되 보라 내가 여리고와 그 왕과 용사들을 네 손에 넘겨 주었으니 ³너희 모든 군사는 그 성을 둘러 성 주위를 매일 한 번씩 돌되 엿새 동안을 그리하라 ⁴제사장 일곱은 일곱 양각 나팔을 잡고 언약궤 앞에서 나아갈 것이요 일곱째 날에는 그 성을 일곱 번 돌며 그 제사장들은 나팔을 불 것이며 ⁵제사장들이 양각 나팔을 길게 불어 그 나팔 소리가 너희에게 들릴 때에는 백성은 다 큰 소리로 외쳐 부를 것이라 그리하면 그 성벽이 무너져 내리리니 백성은 각기 앞으로 올라갈지니라 하시매 ⁶눈의 아들 여호수아가 제사장들을 불러 그들에게 이르되 너희는 언약궤를 메고 제사장 일곱은 양각 나팔 일곱을 잡고 여호와의 궤 앞에서 나아가라 하고 ⁷또 백성에게 이르되 나아가서 그 성을 돌되 무장한 자들이 여호와의 궤 앞에서 나아갈지니라 하니라

수 6:1-7

08

하나님을 신뢰함으로

여리고

웰컴투 광야

암몬

Jericho
에리코

지중해

CANAAN
가나안

본천

사해
Dead
Sea

람세스

EGYPT
Goshen
고센

숙곳

비돔

이스라엘 백성이 건넌 홍해 지점(추정)

wilderness of Shur

가데스
바네아

Kadesh

wilderness of Paran

마라
엘림

엘랏

시내반도
wilderness of Sin

이집트

Red
Sea
홍해

하세롯

기브롯핫다아와

르비딤

Mt. Sinai
시내산

미디안

이집트에서 약속의 땅 가나안까지(출애굽 경로)

2013년 조선일보 12월 9일 신문에 네이버 이사회 의장인 이해진 씨의 인터뷰가 실렸습니다. 오늘날 사회의 기업은 한치 앞을 내다보기 힘듭니다. 그 유명한 일본의 닌텐도도, 한 때 핸드폰 시장 점유율로 최고였던 노키아 회사도 다 매각되었습니다. 이런 세상에서 이해진 씨가 직원들에게 이런 이야기를 했습니다.

"회사를 조기축구회쯤으로 생각하는 사람이 있는 것 같습니다."

그러면서 한 마디로 일침을 놓았습니다.

"축구 동호회는 참여가 중요하지만, 프로는 승패가 중요합니다."

제가 왜 이 이야기를 하는지 아십니까? 우리가 예수를 믿는데 마치 동네 조기축구회원 같은 신앙생활을 하면서 교회를 다니는 것만으로 만족하고, 그냥 예배드리는 것만으로 만족하는 사람이 없기를 바라는 마음에서입니다.

연말이 되면 교인들을 향해 이런 이야기를 합니다.

"여러분, 만나교회에는 많은 사람이 예배를 드리는데, 그중에는 이 교회 저 교회 떠도는 분들도 있습니다. 꼭 만나교회 교인이 되라는 것은 아닙니다. 그러나 여러분 중에 쉽게 예수를 믿으려고 떠도는 분들은 없었으면 좋겠습니다. 어떤 교회가 되었든 여러분이 등록하여 믿음의 뿌리를 두고 하나님을 믿었으면 좋겠습니다."

이왕이면 하나님을 신뢰함으로 끝까지 승리할 수 있는 프로 크리스천이 되어야 하지 않을까요?

하나님을 믿는다는 것은

모세는 느보 산에서 가나안 땅을 바라보며 죽었습니다. 그 모세의 죽음을 바라보고 우리는 '실패가 아니다'라고 말합니다. 왜냐하면, 모세의 죽음 이후에도 하나님의 약속은 끝난 것이 아니라 계속되고 있기 때문입니다.

하나님께서 아브라함을 부르셔서 "너로 하여금 큰 민족을 이루겠다."라고 말씀하셨을 때 그 약속이 아브라함 때 이루어지지 않았습니다. 아브라함, 이삭, 야곱과 요셉을 지나 애굽 땅에서 430년을 지나는 동안 이스라엘은 큰 민족을 이루게 됩니다. 그리고 약속의 땅을 향하여 떠나게 하십니다. 비록 이방 땅이었지만 애굽에서 인큐베이팅 되어 이스라엘 백성의 수가 기하급수적으로 늘었습니다. 어쩌면 그 자리에서 큰 민족을 이루어 무언가 할 수 있었을지도 모릅니다. 그러나 하나님은 그들에게 익숙한 터전을 떠나 출애굽 하여 약속의 땅 가나안을 향해 떠나게 하셨습니다.

혹시 지금 이 순간 보금자리가 흩어지는 어려움을 당하고 있습니까? 그렇다면, 염려하지 마십시오. 만약 하나님께서 우리의 보금자리를 흩으신다면 그것은 우리를 버리시는 것이 아니라 고난을 통해 우리를 향한 하나님의 약속을 이루어 가는 과정입니다.

모세는 120세의 나이로 가나안 땅을 눈앞에 두고 느보 산에서 죽습니다. 그가 40년간 이스라엘 백성과 함께하였는데, 어떻게 하나님은 거기까지라고 말씀하실 수 있을까요? 우리가 신앙생활 하면서 힘들어 하는 것도 바로 내가 뿌린 씨앗의 열매를 보지 못할 때가 아닌가요?

모세는 이스라엘 백성이 출애굽 하는 동안 40년을 함께 해왔고 그에 비해 여호수아는 정말 보잘것없는 지도자였습니다. 그런데 하나님께서는 왜 모세에게서 그 뜻을 이루지 않으시고 여호수아를 통해 이루셨을까요? 그것은 '하나님의 일은 사람에 의해서 좌우되지 않는다'는 것을 의미합니다. 아무리 위대한 지도자가 세워졌어도 하나님이 쓰시는데 까지만 쓰임 받습니다. 우리 인생은 하나님이 쓰실 때 의미가 있고 하나님이 쓰실 때까지 쓰임 받는 것이 가장 큰 축복입니다.

하나님의 일은 그때와 기한 속에 이루어집니다. 여호수아가 하나님께 부르심을 받았을 때 그의 마음이 얼마나 떨렸겠습니까? 모세에 비하면 여호수아는 정말 보잘것없는 사람이었습니다. 그런데 하나님은 여호수아를 결코 강한 사람으로 만들지 않았습니다. 오히려 이렇게 말씀하십니다.

"여호수아야, 염려하지 마, 내가 너와 동행할거야."

하나님의 일, 즉 하나님이 우리를 쓰실 때는 우리가 강한 사람이어서 쓰는 것이 아니라 하나님이 동행하심으로 쓰임 받는 것입니다. 여호수아서는 어떤 성경보다 위대한 기적이 많이 나옵니다. 성경을 읽다 한번은 제가 이런 생각을 했습니다. '여호수아가 하나님께로부터 부름을 받고 하나님과 동행하면서 나타나는 모든 기적은 그가 하나님을 신뢰했을 때 하나님이 어떻게 도우셨는지를 잘 보여주는 사건이구나'라고 말입니다.

하나님을 믿는다는 것은 바로 내가 하나님을 믿고 신뢰할 때 내 삶에서 하나님이 일하시는 믿음의 역사들을 보는 것입니다. 그것이 우리의 신앙입니다. 여호수아서 3장에 보면 놀라운 기적이 나옵니다. 요단 강을 건널 때 요단 강이 갈라집니다. 그런데 생각해보십시오. 요단 강이 갈라지는 기적하고 홍해가 갈라지는 기적하고 어느 기적이 더 큽니까? 제가 성지순례를 가서 요단 강을 보니까 정말 '이것도 강이냐?' 싶을 정도로 강이 작았습니다. 작은 냇물 같아 보였습니다. 그러나 홍해는 정말 큰 바다입니다.

이스라엘 백성이 홍해를 건너는 상황을 상상해 보세요. 뒤에는 애굽 군대가 그들을 죽이려고 쫓아오기 때문에 홍해를 건널 수밖에 없는 상황입니다. 그러나 홍해로 들어가면 죽을 수밖에 없습니다. 결국, 하나님께서 그 큰 바다를 가르셔서 이스라엘 백성을 건너게 하시죠.

그런데 제가 말씀을 묵상하던 중에 그 홍해가 갈라진 기적보다 요단 강이 갈라진 기적이 훨씬 더 크다는 생각을 했습니다. 왜냐하면, 홍해 앞에서 이스라엘 백성은 다른 선택을 할 수 없었습니다. 그런데 요단 강은 상황이 다릅니다. 요단 강은 모맥을 거두는 시기에 홍수가 나면 1년에 딱 한 번 강이 범람합니다. 그 시기에 하나님께서 여호수아에게 요단 강을 건너라고 하십니다. 홍해를 건널 때는 뒤에서 애굽 군대가 쫓아왔는데, 요단 강을 건널 때에는 쫓아오는 사람이 아무도 없었습니다. 어떤 생각이 드시나요? 며칠만 기다리면 안전하게 건널 수 있는 다른 선택의 여지가 있었다는 겁니다. 저는 그래서 이 요단 강을 건너는 기적이 더 위대하다고 생각합니다.

때때로 우리가 인생의 위기 가운데서 하나님 앞에 어쩔 수 없이 순종해야 하는 순간이 있을 수 있습니다. 그러나 우리의 믿음이 중

명되는 것은 그때가 아닙니다. 바로 우리가 선택할 수 있을 때입니다. 우리가 하나님의 말씀을 따르지 않고도 '내가 조금 더 기다리면 되겠다', '내 힘으로 무엇을 할 수 있겠다'라고 생각할 수 있는 그때 믿음이 증명되는 겁니다. 그래서 저는 이 요단 강을 건넌 것이 훨씬 더 큰 기적의 사건이라는 생각을 합니다.

여호수아는 믿음을 관념적으로 믿지 않고 '순종'함으로 믿었습니다. 그는 즉시 하나님과 동행하며 법궤를 앞세워 실행에 옮겼고 요단 강에 발을 내딛는 순간 요단 강이 갈라지는 기적을 경험합니다. 이제 순종이 얼마나 큰 역사를 만들어내는지 경험한 이스라엘 백성과 여호수아는 가나안의 첫 관문인 여리고 성에 다다르게 됩니다.

여리고 성 앞에 서다

이제 여호수아는 여리고 성을 앞에 두고 인간의 방법이 아닌 하나님의 방법을 선택합니다. 그리고 그들이 앞으로 하게 될 전쟁의 승패가 자신에게 달린 것이 아니라 하나님의 손에 달렸다는 것을 아주 분명하게 보여줍니다.

²여호와께서 여호수아에게 이르시되 보라 내가 여리고와 그 왕과 용사들을 네 손에 넘겨 주었으니 ³너희 모든 군사는 그 성을 둘러 성 주위를

매일 한 번씩 돌되 엿새 동안을 그리하라 ⁴제사장 일곱은 일곱 양각 나팔을 잡고 언약궤 앞에서 나아갈 것이요 일곱째 날에는 그 성을 일곱 번 돌며 그 제사장들은 나팔을 불 것이며 ⁵제사장들이 양각 나팔을 길게 불어 그 나팔 소리가 너희에게 들릴 때에는 백성은 다 큰 소리로 외쳐 부를 것이라 그리하면 그 성벽이 무너져 내리리니 백성은 각기 앞으로 올라갈지니라 하시매 수 6:2-5

BC 7천 년경 여리고 성은 당시 근동지역 안에서 가장 강력한 도시로 돌로 쌓은 유일한 성읍입니다. 누구도 감히 침범할 수 없는 견고한 성이었음을 고고학자들이 밝혀냈습니다. 그런데 하나님께서 알려주신 그 성읍을 뚫고 전쟁에 승리하는 비결은 군사적인 책략이 아니었습니다. 그냥 제사장을 앞세워 양각 나팔을 불고 그 성을 돌라는 겁니다. 얼마나 어처구니없는 명령입니까? 그러나 하나님은 이러한 불합리한 일을 이스라엘에 요구하셨습니다. 그리고 새로운 민족의 지도자 여호수아는 이러한 하나님의 명령에 순종함으로 하나님의 약속을 성취한 사람이 되었습니다. 그 결과가 어떠했음을 히브리서 11장 30절에서 잘 말해주고 있습니다.

믿음으로 칠 일 동안 여리고를 도니 성이 무너졌으며 히 11:30

바로 견고한 여리고 성이 무너진 것입니다. 이것은 군사적인 책략이 아닌 철저하게 믿음이 아니고는 할 수 없는 일이었습니다. 즉 그 믿음이 여리고 성을 무너지게 했던 것입니다.

분명 그들에게도 믿음을 흔드는 순간이 있었을 겁니다.

여호수아가 백성에게 명령하여 이르되 너희는 외치지 말며 너희 음성을 들리게 하지 말며 너희 입에서 아무 말도 내지 말라 그리하다가 내가 너희에게 명령하여 외치라 하는 날에 외칠지니라 하고 수 6:10

이 말씀을 이렇게 요약할 수 있습니다. '너희가 여리고 성을 도는 동안 침묵하라!'

영어 성경에는 'complete silence'라고 되어 있습니다. '아무 소리도 하지 말고 침묵해라' 왜 그랬을까요? 하나님께서 가르쳐 주신 방법은 하루에 한 바퀴씩 도는 것이었습니다. 한번 생각해 보세요. 이스라엘 백성이 그냥 쭉 서서 한 바퀴를 돌고, 그다음 날 또 한 바퀴를 돌았을 때 누군가 이렇게 이야기하는 사람이 있었을 겁니다. "이거 한 바퀴 돌았는데, 아무 일도 없네." 그다음 날도, 그다음 날도 그들의 눈에 아무런 변화가 보이지 않았을 때 누군가 불평하는 사람이 생기기 시작했을 것이고, 그 불평의 소리는 누군가의 입을 타고 점점 확산되었을 겁니다.

우리가 하나님의 말씀을 순종하며 살아갈 때 제일 무서운 것이 있습니다. 그것은 어느 정도까지 순종하다가 내 마음에 들지 않을 때 무언가를 이야기하면서 우리가 받을 많은 복을 잃어버린다는 겁니다. 우리의 불평과 부정적인 말이 누군가에게 영향을 미치기 시작하면서 하나님께 순종할 수 없는 지경에 이르게 된다는 겁니다.

하지만 침묵은 위대합니다. 하나님의 역사는 내 생각대로 이루어지는 것이 아니기 때문입니다. 모든 성도가 '내 생각'을 이야기하기 시작한다면 얼마나 혼란스럽겠습니까?

교회가 능력 있는 공동체가 되려면 신앙생활을 하면서 내 생각을 이야기하는 것이 아니라 하나님의 생각이 무엇인지를 바라보며 침묵할 수 있어야 합니다. 하나님의 뜻이 이루어지는 공동체가 되어야 합니다. 하나님의 말씀 이외에 우리의 마음을 흔드는 것에 요동하지 말아야 합니다.

조금 기다리고, 인내하는 것이 훨씬 현명할 때가 많다는 것을 기억하시기 바랍니다. 한 공동체 안에서 부정적인 말이 돌기 시작하면 엄청난 파괴력을 가집니다. 사실 우리 주변에서 자신이 책임질 수 없는 부정적인 말 때문에 얼마나 많은 사람이 상처를 받는지 생각해보십시오.

만일 이스라엘 백성이 6일 동안 여리고 성을 돌면서 부정적인 말을 시작했다면 여호수아에 대한 신뢰도 깨어지고 하나님을 향한 믿음을 잃었을 것입니다.

이렇게 순종하라

하나님은 침묵 가운데 역사하시는 것을 보게 됩니다. 이스라엘 백성이 홍해를 앞에 두고 두려워 떨며 불평하고 있을 때, 모세가 이렇게 말합니다.

> 모세가 백성에게 이르되 너희는 두려워하지 말고 가만히 서서 여호와께서 오늘 너희를 위하여 행하시는 구원을 보라 … 출 14:13

홍해를 앞에 놓고 뒤에서는 애굽 군대가 막 쫓아오는데, 이스라엘 백성이 얼마나 두려웠겠습니까? 여기저기서 별 소리들이 다 나지 않았을까요? 그런데 모세가 이야기합니다.

"여러분, 조용히 하십시오. 하나님이 여러분을 위해 무슨 일을 행하시는지 여러분의 눈으로 보십시오." 그들이 조용히 기다릴 때 하나님께서 홍해를 가르셨습니다.

오병이어의 기적이 일어날 때 예수님께서 수군거리는 수많은 군중을 조용히 앉히시고 축사하셨을 때 오병이어의 기적은 일어났습니다. 여기서 우리는 성경의 놀라운 진리를 깨닫게 됩니다. 우리의 분주함과 놀람 그리고 삶의 경황없음, 이 모든 것 가운데서 하나님의 기적이 일어나는 것이 아니라 우리가 침묵하고 기다리며 하나님께 순종할 때 하나님의 기적은 일어납니다.

이스라엘 백성이 7일 동안 여리고 성을 돌면서 6일은 매우 힘들었을 겁니다. 왜냐하면, 6일 동안 매일 하루에 한 바퀴씩 도는 데 아무런 일도 일어나지 않았으니까요. 만일 우리가 신앙생활을 하면서 우리의 모든 기도와 신앙의 모든 일이 우리 삶에서 바로바로 응답된다면 얼마나 좋겠습니까? 그러나 우리를 힘들게 하는 것은 예배를 드리고 세상에서 보내는 6일 동안의 삶입니다. 우리를 지지하고 도와줄 사람도 없고 도리어 하나님을 믿는 것 때문에 손해를 보아야 할 때도 있습니다. 그런데 놀라운 기적은 6일이 지나서 7일째 일어났다는 겁니다. 아무리 힘들어도 그 6일이 없었다면 7일은 아무 의미가 없는 겁니다.

우리는 종종 이런 꿈을 꿉니다.

"하나님, 하루씩 도는 것 말고 그냥 한 번에 확 무너지면 안 되겠습니까?"

그러나 하나님은 우리 신앙의 여정을 보기를 원하십니다. 우리가 흘리는 기도의 눈물을 보기 원하고 우리가 뿌린 그 씨앗이 열매 맺기를 원하십니다.

저는 그런 권면을 하고 싶습니다. 혹시 믿음을 가지고 신앙을 지키며 살아왔는데, 너무 힘든 분이 계십니까? "하나님 제가 언제까지 기다려야 됩니까?" 하고 하나님께 묻고 싶은 분이 계십니까? 지난 변화산기도회 때 만나교회 교인들의 감사헌금에 적힌 기도 제목을 보았습니다. 그런데 몇 년 동안 변하지 않은 기도 제목을 볼 때 정말 제 마음이 너무 아팠습니다.

"하나님 정말 너무 하신 것 아니에요? 언제쯤 이 기도를 들어주실 거예요?"

한편으로 하나님 앞에 이런 두려움도 있습니다.

"하나님, 이러다 이 사람 신앙을 버리면 어떡합니까?"

그런데 하나님께서 저에게 주신 응답이 있습니다.

"두려워하지 마라!", "염려하지 마라!", "기다려라!", "나를 끝까지 신뢰하고 침묵하며 기다려라", "내가 너희에게 가나안 땅을 주리라"

흔들리지 마십시오! 끝까지 승리하십시오! 왜냐하면 하나님이 우리를 부르셨기 때문입니다.

약속의 성취는 우리가 정한 날에 이루어지는 것이 아니라 하나님께서 정하신 날에 이루어집니다. 하나님께서 정하신 계획에 우리가 순종할 때 경험하게 됩니다.

순종이 어렵습니다. 왜냐하면, 때로는 우리의 지식과 우리의 노력이 아무 가치 없이 느껴지기 때문입니다.

저에게 순종에 대한 중요한 체험이 있습니다. 몇 년 전 어느 대학에 채플 예배를 인도하러 갔습니다. 학생들에게 어떤 말씀을 전할까 고민하며 준비했는데, 성령께서 제가 준비한 이 말씀이 적절하지 않다는 마음을 주셨습니다. 제가 소개를 받고 강단에 올라갈 때까지 얼마나 고민을 했는지 모릅니다.

"하나님 제가 준비한 게 적절하지 않다면 어떡합니까?" 그런데 성

령님께서 주시는 마음이 너무도 강력했기에 제가 순종하기로 했습니다. 준비한 말씀을 옆에 놓고 말씀을 전하기 시작하는데, '하나님이 나를 쓰시고 있구나!'라는 마음이 들었습니다. 그때 제가 깨닫게 된 것이 있었습니다. '하나님께서는 나의 준비로 일하시는 분이 아니라 하나님이 나를 쓰실 때 내가 쓰임 받을 수 있다'는 것입니다.

이 말을 오해해서 나는 아무 준비도 하지 않아도 된다는 생각은 하지 마십시오. 오히려 주어진 삶에 최선을 다해 열심히 사십시오. 무엇보다 많이 준비하십시오. 하나님이 우리를 쓰시고자 할 때 우리의 수고와 준비를 내려놓을 수 있는 믿음, 그것이 우리를 강력하게 만들어준다는 것 또한 기억하시기 바랍니다.

2013년 MMP 교회(Manna Mission Plan, 만나교회의 비전교회 후원 프로그램) 2기를 선발할 때의 일입니다. 마지막 최종심사까지 올라오셨던 2명의 전도사 중에 늦게 신학을 한 분이 한 명 있었는데, 이런 말씀을 하셨어요.

"저 진짜 열심히 했는데 안 되더라고요. 그렇게 열심히 전도하고 그렇게 열심히 준비했는데, 사람들이 정말 안 오더라고요. 좀 도와주세요. 만나교회와 MMP 교회가 되어서 도움을 받고 싶습니다."

제 마음이 정말 아팠습니다. '얼마나 힘들까?' 전도사님의 열정이 정말 돋보였습니다. 근데 다른 목사님들에 비해서 점수가 안 되는 겁니다. 제 마음이 정말 도와주고 싶었습니다. 다 끝나고 장로님, 목사님과 채점표를 가지고 그 전도사님의 이야기를 했습니다. 근데 한 분이 그런 이야기를 했습니다.

"목사님, 열정은 정말 뛰어나지만 열정만 가지고 되는 것이 아님을 배우는 것도 참 중요합니다. 그 전도사님이 이번에 안 된다고 끝나는 거 아니지 않습니까? 2년 후에 또 기회가 있습니다. 열정만 가지고 되는 것이 아니라 자격을 갖추는 것도 중요한 일입니다."

제가 그 말에 '아! 그럴 수 있겠다' 싶었습니다.

혹시 기도하면서 '하나님, 나의 이 열정과 믿음이 있는데 왜 안 되는 겁니까?'라고 생각하셨던 분은 없습니까? 우리의 열정 앞에 하나님이 응답하시지 않을 때 그것으로 끝난 게 아닙니다. 하나님은 우리를 버린 것이 아닙니다. 우리를 향한 하나님의 기대가 끝난 것이 결단코 아닙니다. 우리가 끝까지 하나님을 신뢰하며 가는 것, 결국 끝까지 하나님의 말씀을 듣고 순종하며 가야 하는 것, 그것이 믿음입니다.

주님의 마음이 보이는가?

우리는 성경을 읽으면서 너무나도 잔인하게 진멸하라는 하나님의 명령 앞에서 의문을 갖게 됩니다. 그런 의미에서 여호수아 6장 21절 말씀은 참 받아들이기 힘든 부분입니다.

그 성 안에 있는 모든 것을 온전히 바치되 남녀 노소와 소와 양과 나귀를 칼날로 멸하니라 수 6:21

이 명령은 두 가지 의미가 있는데, 가나안 땅에서 얻은 첫 열매를 하나님께 바치라는 것과 또 하나는 우상에 찌든 가나안의 모든 것을 멸하므로 화의 근원을 제거하라는 것입니다. 이 두 가지의 명령을 이루기 위해서는 자신의 욕망을 죽이고 하나님만을 바라보는 인내가 필요합니다.

여리고 성을 앞에 두고 엿새를 침묵하며 도는 것도 많은 인내를 요구했지만, 이제 자신들이 차지한 전리품을 놓고 하나님의 것을 인정하고, 화의 근원을 제거하는 데는 더 큰 인내와 결단이 필요했습니다. 이제 싸워야 하는 것은 눈에 보이는 적이 아니라 실체를 드러내지 않는 자신의 욕망이기 때문입니다. 보이지 않는 적과 싸우는 것이 얼마나 두려운 일이겠습니까?

많은 사람이 이런 질문을 던집니다.

"하나님, 너무 잔인하신 거 아닙니까? 어떻게 그 땅에 들어가서 그 모든 사람을 다 죽이라고 하실 수 있습니까?"

근데 저는 이 말씀에서 하나님의 잔인함이 아니라 우리를 너무나 명확하게 알고 계시는 주님의 마음이 보였습니다. 여리고 성은 달의 여신을 섬기는 도시였습니다. 그래서 성적으로 굉장히 타락했고 많은 죄악이 있는 곳입니다. 하나님은 이스라엘 백성을 그 땅에 들이

실 때 그들이 깨끗하고 온전하게 하나님의 백성이 되기를 원하셨습니다. 그리고 여리고 땅에 있는 죄의 근원을 완전히 제거하지 못하면 절대로 이스라엘 백성이 온전해질 수 없음을 아셨습니다.

저는 작은 도시나 지방에 집회를 가면 저를 초청한 분에게 공통적으로 좋은 숙소를 요구합니다. 제가 말하는 좋은 숙소는 러브호텔은 피하고 근처에 있는 기도원이나, 콘도를 말합니다.

수년전에 제가 원주에 집회를 하러 갔을 때 원주 터미널 뒤에 러브호텔을 숙소로 얻어준 적이 있습니다. 지금도 잊지 못하는 게 들어갈 때 정육점 같은 불빛 그리고 엘리베이터를 탔을 때 서로 얼굴을 알아볼 수 없도록 만들어 놓은 침침함, 텔레비전을 틀었을 때 나왔던 화면입니다. 그런 분위기와 환경에서 하나님의 말씀을 제대로 전할 수 없겠다는 생각이 들었습니다. 그래서 저는 하나님께서 이 여리고 성에 들어가면 모든 것을 진멸하라고 하신 말씀이 너무나 강하게 와 닿았습니다. 우리가 죄로부터 멀어지지 않고 스스로 죄의 근원을 제거하지 않으면 우리에게는 죄를 이길만한 능력이 결단코 없습니다.

그래서 하나님은 "그 땅에 들어가면 그것을 진멸하라. 그러지 않으면 너희가 이 복된 땅에서 하나님이 주신 복을 온전히 지켜낼 수 없느니라."라고 명령하신 겁니다.

그럼 자신의 욕망, 자아와 싸워서 이기는 데 꼭 필요한 것은 무엇일까요? 그것은 "중심을 잃지 않는 것입니다."

하나님께서 이스라엘 백성에게 가르쳐 주신 전략을 보면 하나님께서 무엇을 가장 중요하게 여기는지 알 수 있습니다. 맨 앞에는 무장한 선발대가 앞장서고, 그 뒤에는 양각 나팔을 든 일곱 명의 제사장들이 뒤따릅니다. 그 뒤에 언약궤를 멘 제사장들이 서고 맨 뒤에는 이스라엘 군대가 섰습니다. 즉, 행진하는 중심에 하나님의 말씀, 하나님의 임재를 상징하는 언약궤가 있습니다.

우리 앞에 있는 여리고 성을 무너뜨리려면 그 싸움 가운데 하나님이 우선해야 하고 하나님의 임재를 경험해야 합니다. 하나님이 우리의 싸움에서 최고 사령관이 되시고 그분의 지시를 받아야 합니다.

혈기가 왕성한 젊은이들, 이스라엘 군대가 6일을 인내할 수 있었던 것도 하나님이 중심에 계셨기 때문입니다. 그 성에 들어가 물건을 탐하지 않고 모든 것을 진멸하며 소유권이 하나님께 있음을 인정할 수 있었던 것도 하나님이 중심에 계셨기 때문입니다.

여리고 성이 무너진 것은 7일째 일곱 바퀴를 돌며 양각 나팔을 불었을 때입니다. 이것은 전쟁이 아니라 하나님을 향한 예배였으며 승리의 선포였습니다. 예배를 위해 쓰던 양각 나팔은 하나님의 임재를 선포하는 축제의 소리였습니다.

이제 이스라엘은 하나님의 임재 가운데 여리고 성에 들어가서 하나님의 명령에 따라 여리고 성을 심판하듯 진멸하지만 결코 그들을 멸하는 것이 하나님의 목적은 아닙니다. 기생 라합의 말을 통해 알 수 있듯이 그 땅의 모든 사람이 하나님과 이스라엘 백성에 대한 소식을 다 들어서 알고 있었습니다. 라합과 그의 가족이 하나님을 믿기로 결심하고 그들의 집 앞에 붉은 줄을 내렸을 때 하나님께서는 그것을 보시고 그의 온 가족을 구원하셨습니다.

우리는 여기서 우상숭배와 죄로 물든 사람들을 심판하시는 공의의 하나님과 당신의 택하신 백성을 보호하시는 자비하심을 동시에 보게 됩니다. 하나님은 죄만큼은 철저하게 다스리시는 거룩한 분이십니다. 여리고 성의 완전한 파괴는 하나님이 죄를 얼마나 싫어하시는지를 바로 보여줍니다. 그러나 그 가운데서도 하나님을 믿고 회개하는 사람들은 용서하십니다.

우리는 지금까지 광야에서의 40년 과정을 함께 걸어왔습니다. 이제 우리가 처한 가나안 땅에서 우리가 가야 할 길을 볼 때입니다. 우리 인생에 놓인 복된 땅에서 내가 어떻게 그 복을 지킬지를 생각해 보십시오. 끝까지 승리하는 크리스천, 프로 같은 크리스천, 예배만 참석하는 축구 동호회 회원 같은 사람들이 아니라 예수를 믿었으니 끝까지 승리하는 주님의 백성이 되어야 하지 않겠습니까? 하나님은 분명히 우리 삶에 대한 책임을 물으실 것입니다.

생각열기

✳ 아래의 이야기를 읽고 다음의 질문에 솔직하게 대답하십시오.

"모험 없는 삶이란 삶을 버리는 모험이다." 내 할머니가 늘 하시던 말씀이다.

신뢰의 길은 말할 것도 없이 모험의 길이다. 보람을 느끼지 못해 돌연 직종을 바꾸는 것, 늙으신 부모를 힘겹게 봉양하는 것, 한적한 곳에서 예수님과 함께 침묵과 고독 속에 꼬박 사흘을 보내는 것, 빈약한 영적 자원만 가지고 사하라 사막 이남으로 하계 자원봉사에 나서는 것, 두려운 소문을 안고 인기 없는 직위를 맡는 것, 믿는 도끼에 발등 찍힌 후 환멸을 이겨 내는 것, 이 모든 도전은, 기꺼이 미지의 세계를 걸으려는 모험과 어둠 속에서도 하나님을 신뢰하려는 각오를 필요로 한다.

물론 우리는 충동적으로 행동해서는 안 된다. 모든 중대 결정에는 가족과 친구들과 영적 멘토가 개입된 신중한 분별 과정이 선행되어야 한다. 그러나 적절한 시기가 왔을 때 감히 모험에 나설 수 있는 자는 하나님을 단호히 신뢰하는 제자뿐이다. 그 신뢰는 철없는 것이 아니다. 실수하여 다칠 수 있는 것이 엄연한 현실이다. 그러나 잠재적 실패에 노출되지 않고는 모험도 없다.

정신과 의사 제럴드 메이는 자신의 책 『신뢰』에서 신앙성장을 이렇게 설명했다. "나는 하나님이 사랑의 하나님이며 그 사랑이 믿을 만한 것임을 안다. 내 삶의 직접적 체험을 통해 안다. 회의의 시간들도 참 많았다. 하나님의 선하심만 신뢰하면 상처가 없을 줄로 알았던 시절에 특히 그랬다. 그러나 적잖이 다쳐본 지금, 나는 하나님의 선하심이 모든 기쁨과 고통보다 더 깊다는 것을 안다. 그 사랑은 기쁨과 고통을 둘 다 감싸 안는다."

정신과 의사 제럴드 메이의 고백처럼 "나는 하나님이 사랑의 하나님이며 그 사랑이 믿을 만한 것"임을 알고 있습니까? 그 사랑을 경험한 적이 있습니까?

_____

_____

배워보기

✳ 하나님을 믿는다는 것

하나님께서 아브라함을 부르셔서 "너로 하여금 큰 민족을 이루겠다."라고 말씀하셨을 때 그 약속이 아브라함 때 이루어지지 않았습니다. 아브라함, 이삭, 야곱과 요셉을 지나 애굽 땅에서 430년을 지나는 동안 이스라엘은 큰 민족을 이루게 됩니다. 그리고 약속의 땅을 향하여 떠나게 하십니다.

1. 왜 여호수아입니까?

모세는 이스라엘 백성이 출애굽 하는 동안 40년을 함께해왔고 그에 비해 여호수아는 정말 보잘것없는 지도자였습니다. 그런데 하나님께서는 왜 모세에게서 그 뜻을 이루지 않고 여호수아를 통해 이루셨을까요? 그것은 바로 '하나님의 일은 사람에 의해서 좌우되지 않는다'는 것을 의미합니다. 아무리 위대한 지도자가 세워졌어도 하나님이 쓰시는 데까지만 쓰임 받는 것입니다.

소그룹 나눔

> 여호와께서 사무엘에게 이르시되 그의 용모와 키를 보지 말라 내가 이미 그를 버렸노라 내가 보는 것은 사람과 같지 아니하니 사람은 외모를 보거니와 나 여호와는 중심을 보느니라 하시더라 삼상 16:7

2. 다른 선택의 여지가 있습니까?

　　홍해 : 이스라엘 백성은 다른 선택을 할 수 없었다.
　　요단 강 : 이스라엘 백성에게 다른 선택의 여지가 있었다.
　　• 뒤에서 쫓아오는 애굽 군대가 없었다.
　　• 요단 강은 1년에 딱 한 번(모맥을 거두는 시기) 범람하는데 그때를 피하면 된다.

3. 믿음은 _____하는 것입니다.

✳ 여리고 성 앞에서

1. 하나님의 명령

• 모든 군사는 여리고 성 주위를 매일 한 번씩 돌되 엿새 동안을 그리하라.

- 여리고 성을 도는 동안에는 침묵하라.
- 제사장 일곱은 일곱 양각 나팔을 잡고 언약궤 앞에서 나아가라. 일곱째 날에는 여리고 성을 일곱 번 돌며 제사장은 나팔을 불어라.
- 일곱째 날 제사장이 나팔을 길게 불어 그 소리가 들릴 때에 백성들도 큰소리로 외쳐라. 그러면 여리고 성벽이 무너질 것이다.

2. 순종의 결과

믿음으로 칠 일 동안 여리고를 도니 성이 무너졌으며 히 11:30

✳ 순종의 방법

우리가 침묵하고 기다리며 하나님께 순종할 때 하나님의 기적은 일어납니다. 이스라엘 백성이 7일 동안 여리고 성을 돌면서 얼마나 힘들었을까요? 하나님의 명령에 따라 하루에 한 바퀴씩, 6일 동안 돌았는데, 아무런 일도 일어나지 않습니다. 그러나 약속의 성취는 우리가 정한 날이 아니라 하나님께서 정하신 날에 우리가 하나님의 계획에 순종할 때 이루어집니다. 순종은 어렵습니다. 그러나 끝까지 하나님을 신뢰하며, 하나님의 말씀을 듣고 순종하며 가는 것이 바로 믿음입니다.

✳ 하나님의 전략

1. _____을 인정하십시오.

> 그 성 안에 있는 모든 것을 온전히 바치되 … 수 6:21

여리고 성이 무너지고 이스라엘 백성이 차지한 전리품을 놓고 이것이 하나님의 것임을 인정해야 했습니다. 이제 이들의 싸움은 눈에 보이는 적이 아니라 실체를 드러내지 않는 자기 욕망과의 싸움으로 확장되었습니다. 보이지 않는 적과 싸우는 것이 얼마나 두려운 일입니까?

2. _____을 제거하십시오.

> … 남녀 노소와 소와 양과 나귀를 칼날로 멸하니라 수 6:21

여리고 성은 달의 여신을 섬기는 도시였습니다. 그래서 성적으로 굉장히 타락했고 많은 죄악이 있는 곳입니다. 하나님은 이스라엘 백성을 그 땅에 들이실 때 그들이 깨끗하고 온전하게 하나님의 백성이 되기를 원하셨습니다. 그리고 여리고 땅에 있는 죄의 근원을 완전히 제거하지 못하면 절대로 이스라엘 백성이 온전해질 수 없음을 아셨습니다.

3. 하나님께서 무엇을 가장 중요하게 여기는지 아십시오.

내 삶에 적용하기

1. 이스라엘 백성은 믿음으로 순종하여 여리고 성이 무너지는 기적을 경험합니다. 나는 지금 어떤 여리고 성 앞에 서 있습니까?

2. 하나님은 이스라엘 백성에게 여리고 성 앞에서 어쩌면 무모한 명령을 내리십니다. 나는 무모한 명령 앞에서도 하나님을 믿음으로 순종할 준비가 되었습니까?

3. 여리고 성이 무너지고, 여리고 땅에 있는 죄의 근원을 완전히 제거하지 않으면 이스라엘 백성이 온전해질 수 없음을 아셨기에 하나님께서 그 땅의 백성을 모두 진멸하라고 하십니다. 내가 온전한 하나님의 백성이 되기 위해 제거해야 할 죄는 무엇입니까?

묵상&기도

이스라엘 백성이 믿음으로 순종하여 여리고 성이 무너지는 기적을 경험합니다. 이 기적은 그들이 침묵하고 기다리며 하나님께 순종했기에 가능했습니다. 그러나 하나님은 또 한 번 여리고 성의 모든 백성을 진멸하라는 명령을 통하여 이스라엘 백성이 거룩한 하나님의 백성이 되기를 원하셨습니다. 하나님은 처음부터 우리에게 시간을 가지고 신앙의 여정을 걸어가길 원하십니다. 그래서 끝까지 하나님을 신뢰하며 가는 것이 참 믿음입니다.

✳ 묵상 질문

나는 하나님과 가까워지고, 하나님을 신뢰하기 위해 어떤 노력을 하고 있습니까?

내가 속한 가정과 직장에서 여리고 성이 무너지는 하나님의 기적을 경험하고 있습니까?

✳ 깊이 묵상하기

지침

1. 주님께 질문하십시오.

2. 믿음을 가지고 그분의 응답을 기다리십시오.

3. 하나님이 응답하시면, 그것이 당신의 삶에서 갖는 의미가 무엇인지 생각해 보십시오.

4. 주님의 생각에 당신의 선택과 행동을 일치시키겠다고 구체적으로 고백하십 시오.

✳ 주님과 대화하기

지침

기도 제목을 나누십시오.

1장 나의 지도를 내려놓고 - 고센은 축복의 징검다리 일뿐!

1. 다양한 민족이 함께 했습니다. 2. 자격

2장 하나님께서 하시는 일 - 홍해 앞에서

1. 두려움에 떨고 있습니다. 2. 하나님을 믿지 못했습니다.

두려워하지 말고, 가만히 서서, 여호와께서 너희를 위하여, 구원을 보라

3장 하나님과 함께하는 여정 - 모세의 노래

1. 하나님과 동행하며, 위대하신 하나님을 찬양하며

2. 불평하면서 하나님을 원망하며

4장 점검이 필요하다 - 마라와 엘림에서

1. 원망하는 이스라엘 백성

2. 기도하는 모세

5장 하나님의 산에 올라가 - 시내 산에서

1. 여호와의 명령대로

2. 마실 물이 없자 모세를 원망합니다.

웰컴 투 광야

초판 1쇄 발행 2016년 9월 9일

지은이 | 김병삼
펴낸곳 | 교회성장연구소
발행인 | 이영훈
주 간 | 김호성
편집인 | 김형근
책임편집 | 박인순
기획 및 편집 | 최윤선
온라인 마케팅 | 김미현 · 이기쁨
디자인 | 백경찬 · 김미나
마케팅팀 | 02-2036-7935
단행본팀 | 02-2036-7928

등록번호 | 제 12-177호
주 소 | 서울특별시 영등포구 여의공원로 101 CCMM빌딩 7층 703B호
웹사이트 | www.pastor21.net
　　　　　　 www.pastormall.net

* 책 가격은 뒤표지에 있습니다.
* 잘못 만들어진 책은 바꿔드립니다.

ISBN 978-89-8304-241-5

"무슨 일을 하든지 마음을 다하여 주께 하듯 하라" (골 3:23)
교회성장연구소는 한국의 모든 교회가 건강한 교회성장을 이루어 하나님 나라에 영광을 돌리는 일꾼으로 성장하는 것을 목표로, 목회자의 사역과 성도들의 영적 성장을 도울 수 있는 필독서들을 출간하고 있다. 주를 섬기는 사명감을 바탕으로 모든 사역의 시작과 끝을 기도로 임하며 사람 중심이 아닌 하나님 중심으로 경영한다. "무슨 일을 하든지 마음을 다하여 주께 하듯 하라"는 말씀을 늘 마음에 새겨 하나님께서 주신 사명을 기쁨으로 감당하고 있다.